dtv

Bettine Brentano, provokant und unbekümmert den gesellschaftspolitischen Zwängen ihrer Zeit gegenüber, gilt als »enfant terrible« der deutschen Literatur des 19. Jahrhunderts. Nach dem Tod ihres Mannes Achim von Arnim beginnt sie ein Doppelleben in Briefen. Sie dichtet und deutet die eigene Korrespondenz um und veröffentlicht mehrere fiktionale Bücher in Briefform. Der Stoff ihrer Poesie ist der ihres damals schon vergangenen Lebens, ihrer Jugend. Neben den publizierten Briefwechseln aber gibt es ihre echten Briefe – Freundschaftsbriefe, politische Briefe, Haushaltsbriefe, Liebesbriefe, gerichtet an die Schwägerin und Dichterin Caroline von Günderrode, an Goethes Mutter, an Goethe selbst, an den geliebten Bruder Clemens und natürlich an den Ehemann. Die Zusammenschau beider Textsorten in der von Hannelore Schlaffer kommentierten Auswahl läßt ein spannendes Porträt der romantischen Muse und Schriftstellerin entstehen.

Bettine Brentano, geboren 1785 in Frankfurt am Main als Tochter eines Großkaufmanns und jüngere Schwester des Dichters Clemens Brentano, genoß eine großbürgerliche, betont künstlerische Erziehung. 1811 heiratete sie den preußischen Gutsbesitzer und Dichterfreund Achim von Arnim und bekam mit ihm sieben Kinder. Bettine Brentano starb 1859 in Berlin.

Die Herausgeberin *Hannelore Schlaffer* war apl. Professor für Neuere deutsche Literatur an den Universitäten Freiburg und München und lebt heute als Schriftstellerin in Stuttgart. Sie verfaßt Aufsätze und Bücher vor allem zur Literatur der deutschen Klassik und Romantik.

Bettine Brentano

Ich habe mein Herz hinein geschrieben

Ein Doppelleben in Briefen

Ausgewählt und kommentiert von
Hannelore Schlaffer

Deutscher Taschenbuch Verlag

August 2004
Deutscher Taschenbuch Verlag GmbH & Co. KG,
München
www.dtv.de
Lizenzausgabe mit Genehmigung des Carl Hanser Verlags
© 1999 Carl Hanser Verlag, München Wien
Umschlagkonzept: Balk & Brumshagen
Umschlagbild: ›Porträt Bettina von Arnim mit Wolldecke‹
von Ludwig Emil Grimm
(© akg-images)
Gesetzt aus der Sabon
Satz: Filmsatz Schröter GmbH, München
Druck und Bindung: Druckerei C. H. Beck, Nördlingen
Gedruckt auf säurefreiem, chlorfrei gebleichtem Papier
Printed in Germany · ISBN 3-423-13235-3

Doppelleben:
Bettina und Bettine

Zwei Geburtstage sind im Leben der Bettine Brentano zu feiern: ihr natürlicher am 4. April 1785 und ihr literarischer, der auf den Tag des Erscheinens von »Goethes Briefwechsel mit einem Kinde« im Jahr 1834 fällt. Die der Nachwelt bekannte Bettine ist die, die sich selbst erst nach dem Tod des Gatten Achim von Arnim 1831 und des bewunderten Goethe 1832 als Schriftstellerin entdeckte. Der Stoff ihrer Poesie aber ist der ihres damals schon vergangenen Lebens, ihrer Jugend. Diese beiden Seiten der Existenz drücken sich auch in den beiden Namen aus, die sie führt: Bettina und Bettine. »Ich heiße Catarina Elisabetha Ludovica Magdalena und werde vulgairement genannt Bettina«, schreibt sie im April 1805 an Carl von Savigny. In ihren gedruckten Briefen aber wählt sie selbst als Unterschrift die intimere Form Bettine. Bettina, die Frankfurter Kaufmannstochter, die spätere Gattin eines Dichters und preußischen Gutsbesitzers und Dame der Berliner Gesellschaft, macht sich als Bettine zur vertrauten Freundin des Lesers. Auch ihre Werke stellt sie in doppelten Anführungszeichen vor: mit einem Titel, der den Stoff, die Jugend, bezeichnet, und einer Widmung, die das vergangene Leben auf eine Person jener Gegenwart bezieht, in der das Werk entstand und die ihr kulturell einflußreich oder politisch zukunftweisend erschien. »Goethes Briefwechsel mit einem Kinde« widmet sie dem bekanntesten Briefschreiber der Zeit um 1834, dem Fürsten Pückler-Muskau, den Sammelband »Die Günderrode« den liberalen Studenten der vierziger Jahre, die Briefe an Clemens Brentano im »Frühlingskranz« einem jungen Prinzen, von dem sie die Verwirklichung ihrer fortschrittlichen Ideen erhoffte; Friedrich Wilhelm IV. macht sie in »Dies Buch gehört dem König« zum Adressaten und Mentor ihres einzigen wirklich politischen Buches. In Titel und Widmung also hat Bettine selbst Vergangenheit und Gegenwart, das, was war, und die Art, wie es in ihrer Zeit gesehen und von der Nachwelt aufgenommen werden sollte, auseinandergehalten.

Kaum eine andere Figur des literarischen Lebens hat so viele und detaillierte Nachrichten über ihr Leben, ihren Alltag hinterlassen, und kaum eine hat diese Nachrichten so entschieden mit einem poetischen Glanz umgeben wie Bettine Brentano. Die Wahrheit ihres Lebens ist ganz in Dichtung aufgegangen, doch vermochte sie den Anschein zu erwecken, als seien die Briefe, die sie nach dem Goethebuch zu publizieren begann: die Korrespondenz mit der Günderrode, mit dem Bruder Clemens, mit dem Studenten Philipp Nathusius, ungefälschte Dokumente dieser Beziehungen. Schon der Mitwelt wollte sie das Zutrauen vermitteln, als lernte sie in diesen Briefwerken die wirkliche Bettina kennen, und schon die Mitwelt ist dieser Behauptung mit Mißtrauen begegnet und wollte nur die Autorin Bettine gelten lassen. Über die Entstehung des Briefwechsels mit Caroline von Günderrode berichtet einer der Besucher ihres Berliner Salons, Wolfgang Müller von Königswinter, dem gegenüber sie behauptet hatte, immer neue Briefe von der verstorbenen Freundin unter ihren Dokumenten aufgefunden zu haben: »Wenn sie aber ihre Mappen aufschlug, um mir die eine oder andere Probe vorzulesen, so sah ich in derselben lauter funkelnagelneues Papier mit frischglänzender Tinte geschrieben. Dabei ging ihre Lektüre oft bis zur Mitte des Blattes, wo sie allem Anschein nach erst eben abgebrochen hatte

⟨...⟩ *von irgend einem vergilbten Briefe aus verschollener Zeit* ⟨*war*⟩ *nicht die geringste Spur zu erschauen, sodass es ganz den Anschein gewann, als ob die kleine bewegliche Pythia erst eben nur auf ihrem Dreifusse gesessen und alle jene reizenden Briefe aus der Erinnerung gedichtet habe.«*

Zwischen den originalen Briefen der Bettine Brentano und den von ihr publizierten Briefwechseln ist daher sehr wohl zu unterscheiden. Bettina lebte ihr wirkliches Leben und führte als Bettine ein zweites Leben im Buch. Die Rechtfertigung für dieses Doppelleben legt sie in »Goethes Briefwechsel mit einem Kinde« der Mutter Goethes in den Mund: »Wer ein schön Gesicht hat, der will es im Spiegel sehen.«

I
Jugend
Dem Fürsten Pückler-Muskau

Schon das Idyll der Kindheit, das die Tochter des reichen Frankfurter Kaufmanns Peter Anton Brentano und der von Goethe bewunderten Maximiliane entwirft, ist ein Märchen, das sie, offensichtlich nachträglich, in dem erst 1844 erschienenen »Frühlingskranz«, dem Briefwechsel zwischen sich und dem Bruder Clemens, so verklärt, daß er teils Wahrheit, teils Dichtung ist:

Es war einmal ein Kind, das hatte viele Geschwister. – Eine *Lulu* und eine *Meline*, die waren jünger, die andern waren alle viel älter. Das Kind hat alle Geschwister zusammengezählt, da waren's dreizehn, und der *Peter* vierzehn und die *Therese* und die *Marie* fünfzehn, sechzehn und dann noch mehr, die hat es aber nicht gekannt, denn sie waren schon tot; es waren gewiß zwanzig Geschwister, vielleicht waren es gar noch mehr. Der Bruder *Peter* ist gestorben, wie das Kind drei Jahr alt war, von dem weiß es aber noch sehr viel. Er hatte schwarze Augen, die ein blendend Feuer von sich strahlten, in die hat das Kind oft sich ganz verloren vor tiefem Hineinschauen.

Der Bruder *Peter* trug das Kind oft auf einen kleinen Turm auf dem Haus, da fütterte der *Peter* allerlei Gefieder, Tauben und eine Glucke mit jungen Hühnern, da saß das Kind mit ihm, da dichtete er ihm Märchen vor. Das waren Stunden, die glitzern wunderschön aus der frühsten Kindheit herüber. Was fing denn der *Peter* noch für närrische

Dinge mit dem Kind an? – Er war mißwachsen und daher sehr klein, er nahm es am Weihnachtstag mit in die Kirche, das sollte keiner sehen, er nahm einen großen Bärenmuff und hielt ihn vor sich und das Kind, daß man nicht Kopf, nicht Hand sah, nur die vier Beine trappelten immer vorwärts, die Leute wunderten sich über das kuriose Rauchwerk, das allein über die Straße lief.

Eine Verklärung der Kindheit, wie sie hier geschieht, fällt der Schriftstellerin Bettine leicht, da die Mutter schon in ihrem achten, der Vater in ihrem zwölften Jahr stirbt, die Realität ihrer Phantasie also wenig Widerstand leistet. Das Verhältnis zum Vater, das so innig und liebevoll geschildert ist, gibt jedenfalls das Modell für das spätere Verhältnis zu Goethe, den sie, das Kind, zum väterlichen Freund macht.

Der Vater hatte das Kind sehr lieb, vielleicht lieber als die andern Geschwister, seinem Schmeicheln konnte er nicht widerstehen. Wollte die Mutter etwas vom Vater verlangen, da schickte sie das Kind, und es solle bitten, daß der Vater Ja sage, dann hat er *nie* es abgeschlagen. Nachmittags, wenn der Vater schlief, wo keiner Lärm wagte oder Störung zu machen, das Kind aber lief ins Zimmer, warf sich auf den schlummernden Vater und wälzte sich übermütig hin und her, wickelte sich zu ihm in den weiten Schlafrock und schlief ermüdet auf seiner Brust ein. Er lehnte es sanft beiseite und überließ ihm den Platz; er ward nicht müde der Geduld. Viel Lieblichkeiten erwies er ihm, beim Spazierenfahren ließ er halten auf der Blumenwiese, bis der Strauß groß genug war, das Kind wollte gern *alle* Blumen brechen, das nahm kein Ende, die Nacht brach ein, und den Strauß, viel zu groß für seine Händchen, bewahrte ihm der Vater.

Was ging denn noch Schönes vor und webte allerlei Lusti-
ges ihm in den Lebensteppich. Das belebte Leben auf der
Straße! Gegenüber im Haus die offne Halle, in der vom Mai
bis in den Herbst die Nachbarn kampierten den ganzen Tag,
da spielten die Kinder mit dem Mops, und der Papagei auf
der Stange plauderte Spitzbub, das wollten wir gern den
ganzen Tag hören. Wie glücklich war das Kind mit dem
Schlüsselblumenstrauß, den die Milchfrau mitbrachte morgens früh. Ach das Land! – Die Wege hinaus ins Freie! –

*Die Erziehung der Waisen übernimmt nun die Großmutter
Sophie La Roche, deren literarischer Ruhm – sie war durch
ihren Roman »Das Fräulein von Sternheim« in ganz Deutschland bekannt – der ehrgeizigen Bettine zum erstenmal den
Wunsch eingegeben haben mag, selbst eine literarische Rolle
zu spielen. Ihrem Bruder schildert sie die eindrucksvolle
Vornehmheit der Großmutter und ihre ästhetische Vorbild-
lichkeit:*

Es ist schlimm, daß die Großmama sich nicht gut verleugnen
kann, weil sie nie aus Garten und Haus kommt! – Diese
Häuslichkeit hat einen eignen poetischen Schimmer, alles in
der höchsten Reinlichkeit und Heimlichkeit erhalten, – zu
jeder Stunde, zu jeder Jahreszeit ist nichts vernachlässigt,
selbst das aufgeschichtete Brennholz am Gartenspalier ist
unter ihrer Aufsicht der Schönheitslehre. – Wenn es im Winter muß verbraucht werden, so läßt sie es immer so abnehmen, daß die Schneedecke soweit wie möglich unverletzt
bleibt, bis Tauwetter einfällt, wo sie's abkehren läßt. Im
Herbst hat sie ihre Freude dran, wie die roten Blätter der
wilden Rebe es mit Purpur zudecken. – Im Frühling regnen
die hohen Akazien ihre Blütenblättchen drauf herab, und die
Großmutter freut sich sehr daran! – Ach, was willst Du? –

Es gibt doch keine edlere Frau wie die Großmutter! – Wer den wunderschönen Blitz ihres Auges verkennt, wenn sie manchmal sinnend mitten im Garten steht und späht nach allen Seiten und geht dann plötzlich hin, um einem Zweig mehr Freiheit zu geben, um eine Ranke zu stützen – und dann so befriedigt in der Dämmerung den Garten verläßt, als habe sie mit der Überzeugung alles gesegnet, daß es fruchten werde.

Sobald Bettine Brentano von ihrer Bildung spricht, wählt sie daher – freilich erst in der Erinnerung, der sich der publizierte Briefwechsel hingibt – einen literarischen Ton. Die Umgebung, in der sie ihre Studien betreibt, ist, zumindest in ihrer Beschreibung, Goethes »Werther« entnommen: wie diese literarische Figur, so zieht auch sie sich mit ihrem Homer in ein Idyll zurück:

Ich habe mir ein kleines Kabinettchen eingerichtet, in dem ich studiere, links steht das Klavier, was die eine Wand des Kabinettchens ausmacht, rechts ist das Fenster, aus dem hör ich abends noch den Klavier-*Hoffman* gegenüber oft bis Mitternacht phantasieren und vor mir ist der Tisch und dazwischen noch ein kleiner Ausgang. Auf dem Tisch liegt *Homer* und viele andere Bücher, und denn mein Schreibkästchen mit allen Deinen lieben Briefen. Im *Homer* lese ich oft; könnte ich Dir nur darstellen, was ich da für Erfahrungen mache – welche Rückerinnerungen einer früheren Welt in mir aufgehen. Diese Götter kenne ich, mein *Clemens*, die auf goldnen Sandalen die Wolken beschreiten. Sie machen ungeheure Schritte und gleiten weit dahin wie auf Schlittschuhen, ehe sie ein Bein vors andre setzen, und wenn sie sich wenden, so prallen die Wolken vor ihnen zurück und versenken sich zwischen Geklüft, und wenn sie denn vorübergeschossen sind in ihrer Ruhe wie der Blitz, dann bricht ihr Zorn in Gewittern los. – Sieh da im Fenster steht noch eine Hyazinthe, die ich selbst früh aufzog, sie neigt sich zu mir, als wollte sie sehen, was ich schreibe. Ich bin heute so vergnügt und freue mich so auf alles. Jetzt werde ich ein wenig in den Garten springen und einen Grasplatz in meinem Gärtchen zurechtmachen, wenn Du wieder kommst, daß wir uns zusammen daraufsetzen. Ich will ihn so groß machen, daß man sich recht bequem drauf legen kann und träumen. Lieb mich. – Bettine

Auch die intellektuelle Feindschaft gegen den normalen Bürger hat sie den »Leiden des jungen Werthers« abgeschaut, die verächtlichen Reden gegen den Philister außerdem ihren romantischen Freunden abgelauscht. Deshalb stellt sie ihre Kindheit als Kampf gegen die Erziehungsmaßnahmen ihrer Familie dar, die sie zu einem gesitteten Fräulein für eine gute Partie machen will. Freiheit ist das Stichwort all ihres Tuns, und im Fortgang ihres Lebens wird sich zeigen, daß dies die einzige Idee war, der sie mit erbittertem Ernst folgte. Ungehorsam gegen die Welt ist für Bettine das erste Gebot des Gehorsams der Freiheit gegenüber. In verschiedenen Versionen durchziehen die Proteste gegen die Normalität die Briefe: in der Kindheit richten sie sich gegen die pädagogischen Unterweisungen, in der Zeit ihres Berliner Salons gegen die gute Sitte und in ihrem Alter gegen die politische Konvention.

Mit Clemens Brentano, dem um sieben Jahre älteren Bruder, den sie nach langer Trennung 1797 zum ersten Mal wiedersieht, verbindet sie eine innige geschwisterliche Liebe. Er spielt ihr den Herumtreiber und Taugenichts vor, von dem sie das schlechte Benehmen lernt, das ihr, anders als dem brüderlichen Freund, als Mädchen und Frau ein ganzes Leben lang vorgeworfen werden sollte. Er ahnt ihr Schicksal und versucht zunächst, die Capricen, denen sie sich hingeben will, vor der Welt zu verbergen: »Ich will, daß Du so vernünftig werdest, daß alle Welt einst ihre Zuflucht zu Dir nehme und Dich hochstelle, und dann will ich Dir's wieder ablernen. Hast Du Lust, dumme Streiche zu machen, so warte, bis ich komme, und mache sie ganz heimlich mir alleine.« *Für solch schüchterne Vorsicht hat das Mädchen keinen Sinn, sie brüskiert die Familie, ihre Unarten werden habituell, und es bleibt ihr in ihrem späteren Leben nichts anderes übrig, als aus dem Übermut des Kindes den Mut der Intellektuellen zu entwickeln.*

Zunächst aber fertigt Bettine ihren Bruder mit einer stolzen Antwort ab, von der man nicht recht weiß, wieviel schon im originalen Brief des zwölfjährigen Mädchens enthalten war, wieviel die spätere Fassung im »Frühlingskranz« hinzutat.

Lieber Clemens!
Ich sitze hier schon eine halbe Stunde und besinne mich, – nicht was ich Dir schreiben soll; denn ich hab genug zu sagen, aber wo ich anfangen soll! Das geschieht mir nun schon so oft, als ich auf Beantwortung Deines letzten längeren Briefs denke. – Und sonst war das nicht so! Nie hab ich mich bedacht, es floß mir aus der Feder! – Deine Verweise kränkten mich nicht, wenn sie auch manchmal aus der Luft gegriffen waren, – und jetzt weiche ich dem aus, Dir zu schreiben, alles dient mir zum Vorwand; ich gehe zur *Günderode* ins Stift, ich bleibe länger bei ihr mit dem heimlichen Willen, daß es zu spät sein möge, Dir heute zu schreiben, und so vergeht ein Tag nach dem andern; an jedem wache ich auf mit dem Gefühl einer Tagespflicht, die ich gern hinter mir haben wollte und zu untüchtig bin, sie zu leisten.

Also, Du siehst wohl, daß es nicht Leichtsinn war, hätte ich den nur dabei gehabt, so wär mein Brief schon längst bei Dir angelangt. – Ich hab der *Günderode* davon gesagt und hab ihr (es mag Dir vielleicht nicht recht sein) Deinen Brief ganz vorgelesen. – Sie sagte, der *Clemens* spielt in einer fremden Tonart, in der Du nicht bewandert bist, in die Du auch nie hineinkommen wirst, es ist daher nur zweierlei zu tun, entweder Du antwortest ihm Punkt für Punkt, wie wenn Du vor Gericht ständest, wo man ja auch, aus dem innern Lebenskreis herausgeworfen, wie ein Hund parieren muß. Oder Du überspringst alles, was er rügt, was er frägt und empfiehlt; denn er wird doch wohl nicht mehr von der Stimmung dieses Briefs durchdrungen sein. Ich fand auch diesen letzten Rat vorzuziehen, allein, wo ich hier am Schreibtisch sitze mit mir allein (denn Dein Brief hat mich isoliert, und ich weiß nichts in diesem Augenblick vom Spielplatz geschwisterlicher Liebe), also mit mir allein hier, in den Spiegel sehend über meinem Schreibplatz. – Da regt sich ein ungeheures Selbstgefühl! – *Clemens!* Ich glaub wohl, es gibt Menschen, die sich lenken lassen von dem Geiste anderer, ich auch, sobald dieser Geist in dem meinen widerhallt, sobald also er den meinen zur Übereinstimmung weckt. – Diesmal tut er das nicht, ich könnte diesem Brief wie der Inquisition gegenüberstehen, die nie den Sinn von einem freisinnigen Menschen erfassen kann, als nur zu seinem Verderben! – Und – noch eine Frage: Soll ich Dich beschämen durch meine Antwort? – Das wär schlimm; denn es bewiese Dir, daß es mit der Hingebung in Freundschaft und Liebe nichts ist, daß alles Rufen und Berufen immer dem inneren Selbst weichen müsse, daß alles, was diesem inneren Selbst widerspricht, von ihm mit Füßen getreten wird, und ich muß Dir sagen, lieber *Clemens*, daß ich ganz nach diesem göttlichen Ebenbild des Selbstseins geschaffen bin. –

Nun lasse uns immer diese bittere Frucht anbeißen, denn ich seh, es geht doch nicht anders, und eher wird mir das Herz nicht leicht Dir gegenüber.

Also erst der Eingang Deines Briefes, der mir ein Streben nach Klarheit und Ruhe unterlegt! – Nein, *Clemens*, ich habe kein mir bewußtes Streben der Art, das muß von selbst aus dem Lebensquell hervorspringen. Eines Strebens bin ich mir bewußt, weil sich alle meine Kräfte darin bewegen. Das ist innere *Unantastbarkeit*. Du nennst das »die Kunst mit sich selbst genug zu haben« – mir ist das keine Kunst, warum? – Weil ich alles mein nenne, weil alles mein ist, was ich anrede, was mich erregt. – Sehnsucht hab ich nie gehabt, von Kindheit an nicht, ich könnte Dir aus dem Kloster darüber erzählen. Das Schöne hab ich liebgewonnen, ich nahm es an, wenn man mir es schenkte, um gleich es wieder zu verschenken. Nur in der Freiheit, in dem Fürsichbestehen gefällt mir das Leben; und ich werde nie etwas an mich reißen. Ich werde mich hinneigen, aber ich werde mich nicht gefangen geben.

Bettine übt sich im Widerstand gegen die pädagogischen Bildungsmaßnahmen, die ihr zuteil werden sollen. Alles, was ihr an Unterricht angeboten wird, macht sie dem Bruder gegenüber verächtlich:

Auch nicht Latein kann ich ein Jahr oder ein halb Jahr der Großmama zu Gefallen lernen; denn mir kann ich's nicht zuleid tun. Ich habe ja nicht eine Vernunft, der ich folge, ich bin ja ein elektrischer Funke, und ins Latein kann ich nicht hineinfahren, es stößt ab, sagst Du selbst.

Clemens unterstützt diese Abneigung gegen den gymnasialen Kanon, der dem jungen Mädchen beigebracht werden

soll, und unterläuft ihn mit seinen kauzigen Einfällen, wo-
durch Bettine ihren Widerstand zu verdoppeln wagt. »⟨...⟩
die Großmutter läßt von dem Gedanken nicht los, Deine
Sprachfähigkeit durch Latein auszubilden, ich hab ihr
vorgeschlagen, sie soll Dich lieber die Derwisch-, Fakiren-,
Bonzen- und Brahminensprache lassen lernen, wo so viel
grillenhafte Superfeinheit drin ist, die an die mehrere hun-
dertundzweiundneunzigsilbige Wörter grenzt und eine Rang-
ordnung eingeführt hat der Konsonanten als Aristokraten,
die den bürgerlichen Vokalen gar den Eintritt nicht gestat-
ten nd lssn ns s ws hnn gfllt xpngrn ns brll, s dß mnchml n
Wrrwrr ntstht, dß kn Tfl drs klg wrdn knn.«

Bettine macht ernst mit der Kauzigkeit des Bruders und
dehnt ihre Abneigung auf alles Wissen aus, das sie nicht ihrer
poetischen Phantasie anverwandeln kann.

Geschichte studieren! *Müllers* Schweizer Geschichte! Bon!
Aber sie ist vorbei, gedürrte Quetschen, schmackhaft zwar,
aber was soll ich mit Backobst! – Was soll ich mit euch – ihr
krüppeliges Winterausdauerungsprodukt, bin ich ein Ham-
ster, der beide Backentaschen voll in seine Vorratskammer
aufspeichert? – Nein, ich bin eine frank und freie lustige,
helle Bergquelle, vom Zufall oft durch Wüsten und Paradiese hinrauschend mit gleicher Lebendigkeit; geht's über
Klippen, dann ist er gleich noch einmal so aufgeregt, da
stampft er, da gischt er, da dampft und braust gleich seine
Lebenskraft heller aus dem lichten Schaum hervor. Nein, ich
bin nichts. Aber, wenn einer das sagt, dann bin ich gleich
etwas. – Auch fürchtet der *Clemens*, ich lese alles durchein-
ander – und macht mir Vorwürfe, er denkt, Romane können
mir die seltsamen Gedanken einprägen, und wenn er wüßte,
daß keine Romane mir je gefallen können als nur meine eignen! – Gibt es etwas Ärgerlicheres als Liebschaften sich vor-

erzählen lassen, wo man sich gleich wundert, wie die Schafe, welche auf diesem Romanen-Teppich weiden, nur zu diesem Schwindel kamen, und *der* meint, dazu käme ich. – Noch eine ganz närrische Seite tritt oft wie ein mir unverständliches hebräisches Wort auf den Lehrstuhl, und zwar mit den feierlichsten Gebärden, so daß ich im Anfang ganz ängstlich wurde und mir vergeblich den Kopf zerbrach, was das sein möge. – Von nun an beseitige ich meine Skrupel, weil ich erst jetzt deutlich sehe, daß der liebe, liebste *Clemens* auch von allerlei ihm selbst nicht recht deutlichen Beweggründen angespornt wird, manches zu wollen, zu fordern, zu beteuern. Das Wort ist *Pflicht*. »Tue Deine Pflicht mit Ernst – das Leben nehme leicht«. – Seh ich mich um nach meiner Pflicht, so freut mich's recht sehr, daß sie sich aus dem Staub macht vor mir, denn erwischte ich sie, ich würde ihr den Hals herumdrehen! So erpicht bin ich gegen sie. – Nun, ich hoffe, daß ich und meine Pflicht nie zusammen kommen, falls eine sollte auch auf *mein* Los gekommen sein – ich würde sie mit meinem ernsten Blick schon in Schranken halten, daß sie mir nicht über den Hals käme, ich verstehe keinen Spaß hierüber, meine ganze Natur kommt in Aufregung, und Kräfte machen sich in mir auf die Beine, die alles in Grund und Boden trampeln, was sich mir aufsätzig machen will. Also Pflicht, halte dich im Hintergrund, wenn du nicht abgedroschen sein willst.

Statt Latein zu lernen und sich mit Müllers »abgedroschener« Schweizer Geschichte zu beschäftigen, schaut Bettine Goethes »Werther« ein revolutionäres Konzept von Literatur ab, das Antike und Moderne vereinigt. Bettine liest, ein neuer Werther, den Bauern den Homer vor, und die häusliche Umgebung des Bürgermädchens, das sommerliche Idyll in Winkel am Rhein, wird zum utopischen Ort, an dem sich

die Standesunterschiede befrieden. Lebensbeschreibung, Dich-
terverehrung und utopische Absicht vereint Bettine mit der
ihr eigenen Geschicklichkeit in den Briefen an Goethes Mut-
ter:

Frau Rat!
Ich will Ihr gern den Gefallen tun und einmal einen recht
langen deutlichen Brief schreiben, meinen ganzen Lebens-
aufenthalt in Winckel.

Erst ein ganzes Haus voll Frauen, kein einziger Mann,
nicht einmal ein Bedienter. Alle Läden im Haus sind zu, damit uns die Sonne nicht wie unreife Weinstöcke behandelt
und garkocht. Das Stockwerk, in dem wir wohnen, besteht
aus einem großen Saal, an das lauter kleine Kabinette stoßen, die auf den Rhein sehen, in deren jedem ein Pärchen
von unserer Gesellschaft wohnt. Die liebe *Marie* mit den
blonden Haaren ist Hausfrau und läßt für uns backen und
sieden. Morgens kommen wir alle aus unseren Gemächern
im Saal zusammen. Es ist ein besondres Pläsier zu sehen, wie
einer nach dem andern griechisch drapiert hervorkommt.
Der Tag geht vorüber in launigem Geschwätz, dazwischen
kommen Bruchstücke von Gesang und Harpegge auf der
Gitarre. Am Abend spazieren wir an den Ufern des Rheins
entlang, da lagern wir uns auf dem Zimmerplatz; ich lese
den *Homer* vor, die Bauern kommen alle heran und hören
zu; der Mond steigt zwischen den Bergen herauf und leuchtet statt der Sonne. In der Ferne liegt das schwarze Schiff,
da brennt ein Feuer, der kleine Spitzhund auf dem Verdeck
schlägt von Zeit zu Zeit an. Wenn wir das Buch zumachen,
so ist ein wahres politisches Verhandeln; die Götter gelten nicht mehr und nicht weniger als andre Staatsmächte,
und die Meinungen werden so hitzig behauptet, daß man
denken sollte, alles wär gestern geschehen, und es wär man-

ches noch zu ändern. Einen Vorteil hab ich davon: hätt ich den Bauern nicht den *Homer* vorgelesen, so wüßte ich heut noch nicht, was drin steht, die haben mir's durch ihre Bemerkungen und Fragen erst beigebracht. – Wenn wir nach Hause kommen, so steigt einer nach dem andern, wenn er müde ist, zu Bette. Ich sitze dann noch am Klavier, da fallen mir Melodien ein, auf denen ich die Lieder, die mir lieb sind, gen Himmel trage. *Wie ist Natur so hold und gut.* Im Bett richte ich meine Gedanken dahin, wo mir's lieb ist, und so schlafe ich ein. Sollte das Leben immer so fortgehen? – Gewiß nicht.

Die Bauern, die hier Bettine angeblich zuhören, sind wieder einmal Widerschein ihrer »Werther«-Lektüre und bezeugen ihre Liebe zum Volk, die eine romantische Idee auch des Romanhelden ist. Immerhin scheint sie, glaubt man der späten Edition der Briefe im »Frühlingskranz«, auch jetzt schon neben der Dichtung politische Schriften gelesen zu haben. Die Bewunderung für den Volksfreund Mirabeau ist nicht weniger emphatisch als die für Goethe, und auch diese äußert sich schon in jener Mischung aus ideeller Schwärmerei und physischer Wollust, die vielen ihrer Briefe eigen ist:

»Ich wollt, ich stünd vor ihm; weißt Du? – Denk ich an ihn, ich fühl mein Gesicht brennen. Liebster Clemens, mit aller Sehnsucht meiner Arme, meiner Augen, ja mit allem, was umfassend ist in mir, möcht ich seine Knie umschlingen! Des großen Helden, der auf eine Lippe nimmt das Geschick des Volkes und entzündet es, mit seines Mundes Hauch facht er es an.«

Nach dem Tod der Eltern übernimmt der älteste Bruder Franz die Leitung des Geschäfts und der Familie. Aus der

Obhut der Sophie La Roche entlassen, wird Bettine 1802 in die ihrer Schwägerin Antonia übergeben, um bei ihr die Hauswirtschaft zu erlernen. Ihre Kindheit endet mit diesem Umzug, und Clemens Brentano scheint zu wissen, daß die Erziehung der Großmutter schon alles an diesem Mädchen verdorben hat, denn er versucht es mit einer letzten Mahnung: »Ich habe unlängst den Franz gebeten, Dich nach Frankfurt zu nehmen; er täte es gern, nur macht er mancherlei Einwendungen, er begehrt, daß Du der Toni gehorchen, reinlich, fleißig und häuslich sein sollst, das ist nun freilich in etwas gegen Deinen Freiheitssinn, der in Dir von der Großmutter ordentlich erzogen wurde, aber das wirst Du ihm doch nicht verdenken, bei der großen Ausbreitung des Familienzirkels im Hause, kann er nur wünschen, daß ein so junges Mädchen wie Du sich an ihn und Toni anschließe, dies ist die notwendige Folge seines treuen Gemüts.«

In Frankfurt und Winkel, dem Landgut der Brentanos am Rhein, findet Bettine Zugang zum Freundeskreis ihres Bruders. Sie lernt Achim von Arnim, ihren späteren Gatten, kennen und Carl von Savigny, den späteren Ehemann der Schwester Gunda, vor allem aber beginnt die Freundschaft mit Caroline von Günderrode, der sie später ein eigenes Buch gewidmet hat. Das Ende dieser kurzen Mädchenfreundschaft dürfte der Anfang von Bettines »Doppelleben« sein. Für den Schmerz, von der Günderrode verstoßen zu sein, sucht sie Entschädigung bei der Mutter Goethes, der »Frau Rat«. Mit ihr freundet sie sich 1806 an, läßt sich von ihr die Kindheitsgeschichte ihres berühmten Sohnes erzählen und inthronisiert den Dichter zu ihrem literarischen Gott. Das Denkmal, das sie ihm mit »Goethes Briefwechsel mit einem Kinde« errichtet, ist nur scheinbar ihm gewidmet. Eigentlich ist es ein Denkmal, das sie sich selbst gesetzt hat. Der einzige, sehr realitätsgerechte Wesenszug, den Goethe in die-

sem Buch hat, ist der der Sparsamkeit seiner Reaktionen, und die einzige Eigenschaft, die Bettine in ihrer verehrenden Blindheit an ihm wahrzunehmen vermeint und die sie immer wieder seiner Mutter mitteilt, ist die Liebe, die er ihr entge- genbringt. Tatsächlich aber ist es sie selbst, die »ihr schön Gesicht« in diesem Spiegel wiedererkennt – und deshalb be- ginnt mit diesem Buch ihr zweites, ihr eigentliches, ihr lite- rarisches Leben.

Am Schluß des Buches hat Bettine das Tagebuch ange- fügt, das seine Entstehung begleitet hat; dieses faßt die Rechtfertigung für die Verwandlung ihres Lebens in Litera- tur in ein suggestives Bild.

Meine verödete Kirche stand diesseits an der Höhe, einer Mauer, die tief hinabging, einen Bleichplatz umschloß, der jenseits vom Mainfluß begrenzt war. Während mir vor der Höhe dieser Mauer schwindelte und ich furchtsam auswei- chen wollte, hatte ich mich unwillkürlich hinübergeschwun- gen, und so fand ich im nächtlichen Dunkel kleine Spalten in der Mauer, in die ich Hände und Füße einklemmte und hervorragende Steine, auf denen ich mir hinabhalf; ohne zu bedenken, ob und wie ich wieder hinaufkommen werde, hatte ich den Boden erreicht; eine Wanne, die wohl im Som- mer zum Bleichen gedient hatte und im Herbst war verges- sen worden, rollte ich bis zum Ufer, stellte sie da auf und setzte mich hinein und sah dem Eisgang zu; es war mir eine behagliche, befriedigende Empfindung, so als eingerahmtes Bild der erhabenen Winternatur ins Antlitz zu schauen. Es war, als habe ich einer geheimen Anforderung Genüge ge- leistet. – Im Hinaufklettern fand ich ebenso kleine Lücken und Steine unter Händen und Füßen, wie ich sie brauchte. – Von nun an konnte kein Wetter, kein Zufall mich abhalten, ich überwand alle Schwierigkeiten; ohne zu wissen wie, fand ich mich an meiner Geistermauer, an der ich jeden Abend hinabkletterte und in meiner Wanne sitzend dem Treiben der Eisschollen zusah. Eine stieß ans Ufer, ich sträubte mich nicht mehr gegen die dämonischen Eingebungen, zuversichtlich sprang ich drauf und ließ mich eine Weile forttreiben. Dann sprang ich auf die nächste, bis ich endlich in der Mitte des Stromes dahinsegelte. – Es war eine wunderbare Nacht! Warum? – Jeder Naturmoment ist wunderbar, ist ungeheuer, wo er in seiner Freiheit waltet über den Menschengeist, ich habe mich ihm preisgegeben, und so wirkte er als höchstes Ereignis. – Am fernen Horizont schimmerte ein dunkles Rot, ein trübes Gelb und milderte die Finsternis zur Dämmerung, das Licht, gefesselt in den Umarmungen der Nacht; dahin schaute ich, dahin trug mich mein eisiger Seelenverkäufer, und der Wind, der sich kaum über die Höhe des Flusses hob, spielte und klatschte zu meinen Füßen mit den Falten meiner Kleider. Noch heute empfinde ich den königlichen Stolz in meiner Brust, noch heute hebt mich die Erinnerung der schmeichelnden Winde zu meinen Füßen, noch heute durchglüht mich die Begeistrung jener kühnen nächtlichen Fahrt, als wenn es nicht vor sechs Jahren, sondern in dieser kalten Winternacht wär, in der ich hier sitze, um Dir zulieb und meiner Liebe zum Gedächtnis alles aufzuschreiben.

Das Goethe-Buch ist die erste von Bettines Publikationen; deshalb enthält es Überlegungen über die Notwendigkeit, das Leben zum Buch zu machen, die Privatheit der Öffentlichkeit preiszugeben, und Hinweise auf ihre poetische Methode. Melancholischer als das Dahintreiben auf den Eisschollen des Lebens ist eine andere, geradezu metaphysische Anmerkung in diesem Tagebuch einer Verehrung des großen Dichters, in der sie sich der Hoffnung hingibt, der verstorbene Dichter möge ihr Werk noch bemerken.

Heute las ich in diesen Blättern; lauter Seufzen und Sehnen.

Wie würde ich beschämt vor Dir stehen, wenn Du in diesem Buch läsest! So bleibt es denn verborgen und nur zu eigner Schmach geschrieben? – Nein, ich muß an Dich denken und glauben, daß dies alles einmal an Deinem Geist vorüberzieht; wenn es auch manchmal in mir ist, als wollt ich Dich fliehen; Dich und diese seltsame Laune der Sehnsucht; Laune muß ich sie nennen, denn sie will alles und begehrt nichts. Aber dieses Abwenden von Dir wird doppelter Reiz; da sprengt mich's hinaus, die Berge hinan, noch im ersten Frührot, als könnt ich Dich erjagen, und was ist das Ende? Daß ich mich wieder zum Buch wende. Nun, was hat's denn auf sich? Die Tage gehen vorüber so oder so, und was könnt ich versäumen, wenn ich in diesen Blättern mich sammle?

Mit ihrer Hinwendung zu Goethe hat sich Bettine eine Kunstreligion geschaffen.

⟨…⟩ so bitte ich: geb mir einen Kuß, der recht in meinem Andenken gereift ist, und laß mich Ruh bei Dir finden. Wenn der Mensch auch spricht: in seiner Sehnsucht Ja oder Nein! und weiß keiner warum, so gibts doch einen Gott im Himmel, der ihn versteht, und mit der Zeit befriedigen wird.

Leb wohl, mein Gut! mein Herr! laß mir Deine Augen und Deinen Mund, die mir immer freundlich waren, annoch freundlich sein, ich will im Glauben an Dich sterben, und mein Glauben ist der rechte, so wird er mich also selig machen. Ich bin jetzt eifrig, will oft alles ergreifen, die Neugierde plagt mich, ich kann nichts Lebendiges, Wirkendes sehen, ohne daß ich in Flammen auffahre. Aber ich weiß, daß ich mich noch an Dein Knie schmiegen werde und ruhig sein.

Die junge Bettine hatte stets an eine Wallfahrt zu ihrem Ge-
nius gedacht, und sie war damit jedermann in den Ohren ge-
legen. Der erste Teil von »Goethes Briefwechsel mit einem
Kinde« enthält die Briefe an Goethes Mutter. In ihnen bringt
sie immer wieder ihre Sehnsucht nach dem großen Sohn zum
Ausdruck. Die Welt verdichtet sich ihr zu einer Reiseroute
nach Weimar.

⟨...⟩ es sollte einer sagen ich leb, wenn *er* mich nicht mehr
lieb hat; das Leben, was ich jetzt führ, davon hat keiner Verstand, an der Hand führt mich der Geist einsame Straßen, er
setzt sich mit mir nieder am Wassersrand, da ruht er mit mir
aus, dann führt er mich auf hohe Berge; da ist es Nacht, da
schauen wir in die Nebeltale, da sieht man den Pfad kaum
vor den Füßen, aber ich geh mit, ich fühl, daß er da ist, wenn
er auch vor meinen leiblichen Augen verschwindet, und wo
ich geh und steh, da spür ich sein heimlich Wandeln um
mich, und in der Nacht ist er die Decke, in die ich mich ein-
hülle, und am Morgen ist er es, vor dem ich mich verhülle,
wenn ich mich ankleide, niemals mehr bin ich allein, in meiner einsamen Stube fühl ich mich verstanden und erkannt
von diesem Geist; ich kann nicht mit lachen, ich kann nicht
mit Komödie spielen, die Kunst und die Wissenschaft, die
lasse ich fahren; noch vor einem halben Jahr, da wollt ich
Geschichte studieren und Geographie, es war Narrheit.
Wenn die Zeit, in der wir leben, erst recht erfüllt wär mit der
Geschichte, so daß einer alle Hände voll zu tun hätt, um nur
der Geschichte den Willen zu tun, so hätt er keine Zeit, um
nach den vermoderten Königen zu fragen, so geht mir's, ich
hab keine Zeit, ich muß jeden Augenblick mit meiner Liebe
verleben. Was aber die Geographie anbelangt, so hab ich
einen Strich gemacht mit roter Tinte auf die Landkart. Der
geht von wo ich bin bis dahin, wo es mich hinzieht, das ist

der rechte Weg, alles andre sind Irr- und Umwege. Das ganze Firmament mit Sonne, Mond und Sterne gehören bloß zur Aussicht meiner Heimat. Dort ist der fruchtbare Boden, in den mein Herz die harte Rinde sprengt und ins Licht hinaufblüht.

1807 zog Bettine mit ihrer Schwester Lulu und deren Mann nach Kassel. Dieser nahm die beiden Frauen, verkleidet als Männer, auf eine Geschäftsreise nach Berlin mit. Auf dem Heimweg ließ es sich Bettine nicht nehmen, über Weimar zu fahren, um sich Goethe vorzustellen. Das Aussehen der abenteuerlichen Truppe schildert sie in einem Brief an Goethes Mutter, wobei sie es nicht versäumt, die Geschäftsreise zur poetischen Widerspiegelung einiger Szenen aus Goethes »Wilhelm Meister« zu machen. Die vom Schwager verordnete Verkleidung gibt ihr Gelegenheit, sich als ein ebenso zwitterhaftes Wesen darzustellen, wie Mignon es in Goethes Roman ist, und fast wäre sie sogar wie diese in ein Gefecht mit Wegelagerern geraten.

Der Schwager lachte über mich und sagte, ich sähe aus wie ein Savoyardenbube, ich könnte gute Dienste leisten. Der Kutscher hatte uns vom Weg abgefahren durch einen Wald, und wie ein Kreuzweg kam, da wußt er nicht wohinaus; obschon es nur der Anfang war von der ganzen vier Wochen langen Reise, so hatt ich doch Angst, wir könnten uns verirren und kämen dann zu spät nach Weimar; ich klettert auf die höchste Tanne, und da sah ich bald, wo die Chaussee lag. Die ganze Reise hab ich auf dem Bock gemacht; ich hatte eine Mütze auf von Fuchspelz, der Fuchsschwanz hing hinten herunter. Wenn wir auf die Station kamen, schirrte ich die Pferde ab und half auch wieder anspannen. Mit den Postillons sprach ich gebrochen Deutsch, als wenn ich ein Franzose wär. Im Anfang war schön Wetter, als wollt es Frühling werden, bald wurd es ganz kalter Winter; wir kamen durch einen Wald von ungeheuren Fichten und Tannen, alles bereift, untadelhaft, nicht eine Menschenseele war des Wegs gefahren, der ganz weiß war; noch obendrein schien der Mond in dieses verödete Silberparadies, eine Totenstille – nur die Räder pfiffen von der Kälte. Ich saß auf dem Kutschersitz und hatte gar nicht kalt; die Winterkält schlägt Funken aus mir; – wie's nah an die Mitternacht rückte, da hörten wir pfeifen im Walde; mein Schwager reichte mir ein Pistol aus dem Wagen und fragte, ob ich Mut habe loszuschießen, wenn die Spitzbuben kommen, ich sagte: »Ja.« Er sagte: »Schießen Sie nur nicht zu früh.« Die *Lulu* hatte große Angst im Wagen, ich aber unter freiem Himmel, mit der gespannten Pistole, den Säbel umgeschnallt, unzählige funkelnde Sterne über mir, die blitzenden Bäume, die ihren Riesenschatten auf den breiten mondbeschienenen Weg warfen – das alles machte mich kühn auf meinem erhabenen Sitz. – Da dacht ich an *ihn*, wenn der mich in seinen Jugendjahren so begegnet hätte, ob das nicht einen poetischen Eindruck auf *ihn* gemacht haben würde, daß er Lieder auf mich gemacht hätte und mich nimmermehr vergessen.

Auch die Beschreibung ihrer Ankunft bei Goethe gestaltet sie nach dem Muster von Mignons Italienlied. Wieland, der mit der Familie Brentano durch die Großmutter bekannt war, hatte Bettine ein empfehlendes Billett an Goethe gegeben, mit dem sie sich Zutritt bei ihm verschaffte. Das »heilige Haus«, zu dem in ihrem Brief Goethes Stadtpalais wird, erinnert an das Italienlied »Kennst Du das Land ...«, wo das Dach des Hauses auf Säulen ruht, die Marmorbilder in Goethes Treppenhaus erinnern an die, die Mignon in der italienischen Villa dämonisch fixieren. Auch das: »Was hat man

dir, du armes Kind getan« erklingt in einer neuen Variation
noch einmal aus Goethes Mund, doch ist es nun eigens für
sie, für Bettine, gesprochen.

Mit diesem Billett ging ich hin, das Haus liegt dem Brunnen
gegenüber; wie rauschte mir das Wasser so betäubend – ich
kam die einfache Treppe hinauf, in der Mauer stehen Sta-
tuen von Gips, sie gebieten Stille. Zum wenigsten ich könnte
nicht laut werden auf diesem heiligen Hausflur. Alles ist
freundlich und doch feierlich. In den Zimmern ist die höchste Einfachheit zu Hause, ach so einladend! »Fürchte dich
nicht«, sagten mir die bescheidnen Wände, »er wird kommen und wird sein, und nicht *mehr* sein wollen wie Du«, –
und da ging die Tür auf, und da stand er feierlich ernst und
sah mich unverwandten Blickes an; ich streckte die Hände
nach ihm, glaub ich, – bald wußt ich nichts mehr, *Goethe*
fing mich rasch auf an sein Herz. »*Armes Kind, hab ich Sie
erschreckt«,* das waren die ersten Worte, mit denen seine
Stimme mir ins Herz drang; er führte mich in sein Zimmer und setzte mich auf den Sofa gegen sich über. Da waren
wir beide stumm, endlich unterbrach er das Schweigen: »Sie
haben wohl in der Zeitung gelesen, daß wir einen großen
Verlust vor wenig Tagen erlitten haben durch den Tod der
Herzogin Amalie.« »Ach!« sagt ich, »ich lese die Zeitung
nicht.« – »So! – Ich habe geglaubt, alles interessiere Sie, was
in Weimar vorgehe.« – »Nein, nichts interessiert mich als
nur Sie, und da bin ich viel zu ungeduldig, in der Zeitung zu
blättern.« – »Sie sind ein freundliches Kind.« – Lange Pause
– ich auf das fatale Sofa gebannt, so ängstlich. Sie weiß, daß
es mir unmöglich ist, so wohlerzogen da zu sitzen. – Ach
Mutter! Kann man sich selbst so überspringen? – Ich sagte
plötzlich: »Hier auf dem Sofa kann ich nicht bleiben,« und
sprang auf. – »Nun!« sagte er, »machen Sie sich's bequem;«

nun flog ich ihm an den Hals, er zog mich aufs Knie und schloß mich ans Herz. – Still, ganz still war's, alles verging. Ich hatte so lange nicht geschlafen; Jahre waren vergangen in Sehnsucht nach ihm – ich schlief an seiner Brust ein; und da ich aufgewacht war, begann ein neues Leben. Und mehr will ich Ihr diesmal nicht schreiben.

Der Stoff von »Goethes Briefwechsel mit einem Kinde«, das Material, aus dem das Denkmal für Goethe gemacht ist, ist die Liebe. Bettine kann, obgleich die Liebe platonisch sein müßte, denn sie entflammt sich für nichts als das Genie und seine Kunst, auf körperliche Berührung und Zeichen nicht verzichten. Die Devotion ist bei ihr immer der Aufdringlichkeit gepaart. Freilich stellt sie es so dar, als habe Goethe sie gesucht, ihr geschmeichelt, sie umkost; tatsächlich aber ist es immer sie selbst, die ihm die großen Gefühle für sie vorsagt. Ihr erstes Zusammentreffen erzählt sie noch einmal in einem Brief an Goethe und verändert dabei die Umstände. Die Begegnung, die im fahlen Tageslicht stattfand, wird zum nächtlichen Besuch eines Don Juan bei einer Kammerzofe. Bettine verlegt die Begegnung in eine Dachkammer des Hotels Elefant, das schon damals der renommierte Gasthof Weimars war.

Du kannst Dir keinen Begriff machen, mit welchem Jubel die Mutter mich aufnahm! Sowie ich hereinkam, jagte sie alle fort, die bei ihr waren. »Nun, ihr Herren«, sagte sie, »hier kommt jemand, der mit mir zu sprechen hat«, und so mußten alle zum Tempel hinaus. Wie wir allein waren, sollte ich erzählen, – da wußt ich nichts. »Aber wie war's, wie Du ankamst?« – »Ganz miserabel Wetter«; »vom Wetter will ich nichts wissen; – vom *Wolfgang*, wie war's, wie du hereinkamst?« »Ich kam nicht, *er* kam;« – »nun wohin?« – »In den

Elefanten, um Mitternacht drei Treppen hoch; alles schlief schon fest, die Lampen auf dem Flur ausgelöscht, das Tor verschlossen, und der Wirt hatte den Schlüssel schon unterm Kopfkissen und schnarchte tüchtig.« – »Nun, wie kam er denn da herein?« – »Er klingelte zweimal, und wie er zum drittenmal recht lang an der Glocke zog, da machten sie ihm auf.« – »Und du?« – »Ich in meiner Dachstube merkte nichts davon; *Meline* lag schon lange und schlief im Alkoven mit vorgezognen Vorhängen; ich lag auf dem Sofa und hatte die Hände überm Kopf gefaltet und sah, wie der Schein der Nachtlampe wie ein großer runder Mond an der Decke spielte; da hört ich's rascheln an der Tür, und mein Herz war gleich auf dem Fleck; es klopfte, während ich lauschte, aber weil es doch ganz unmöglich war in dieser späten Stunde und weil es ganz still war, so hört ich nicht auf mein ahnendes Herz; – und da trat er herein, verhüllt bis ans Kinn im Mantel, und machte leise die Tür hinter sich zu und sah sich um, wo er mich finden sollte; ich lag in der Ecke des Sofas ganz in Finsternis eingeballt und schwieg; da nahm er seinen Hut ab, und wie ich die Stirne leuchten sah, den suchenden Blick, und wie der Mund fragte: ›Nun, wo bist du denn?‹ da tat ich einen leisen Schrei des Entsetzens über meine Seligkeit, und da hat er mich auch gleich gefunden.«

Die Mutter meinte, das würde eine schöne Geschichte geworden sein in Weimar. Der Herr Minister um Mitternacht im Elefanten drei Treppen hoch eine Visite gemacht! – Ja wohl ist die Geschichte schön! Jetzt, wo ich sie hier überlese, bin ich entzückt, überrascht, hingerissen, daß *mir* dies all begegnet ist, und ich frag Dich: welche Stunde wird so spät sein in Deinem Leben, daß es nicht Dein Herz noch rühren sollte? – Wie Du in der Wiege lagst, da konnte kein Mensch ahnen, was aus Dir werden würde, und wie ich in der Wiege lag, da hat mir's keiner gesungen, daß ich *Dich* einst küssen würde.

Goethes Mutter ist anfänglich im »Briefwechsel mit einem Kinde« das Medium, dem Bettine ihre erdachten Liebesszenen mit Goethe erzählen und gleichzeitig dem Dichter selbst noch einmal schreiben kann. Die Pikanterie des körperlichen Kontakts mit dem Dichter gibt ihr, die seit ihrer Jugend alle Konvention zu verletzen suchte, die Möglichkeit, aus der Bewunderung für Goethe, die nahelag und damals schon üblich war, auszubrechen und die private Annäherung über die gewöhnliche Verehrung zu erheben. Das Bild des Olympiers hatte sich zur Zeit der Entstehung des Buches längst im Bewußtsein des Publikums festgesetzt; selbst Goetheverächter, wie Wolfgang Menzel, akzeptierten es durch die Heftigkeit ihres Protestes dagegen. Das Aparte von Bettines Entwurf eines neuen Goethebildes liegt darin, daß sie die Fleischwerdung des Dichtergottes bewirkt und gleichzeitig seine Herabwürdigung zum lüsternen Greis zur Feier erhoben hat. An Goethe schreibt sie:

Die Mutter ist listig, wie sie mich zum Erzählen bringt, so sagt sie: »Heute ist ein schöner Tag, heut geht der *Wolfgang* gewiß nach seinem Gartenhaus, es muß noch recht schön da sein, nicht wahr, es liegt im Tal?« – »Nein, es liegt am Berg, und der Garten geht auch bergauf, hinter dem Haus da sind große Bäume von schönem Wuchs und reich belaubt.« – »So! Und da bist Du abends mit ihm hingeschlendert aus dem römischen Haus?« – »Ja, ich hab's Ihr ja schon zwanzigmal erzählt;« – »so erzähl's noch einmal. Hattet ihr denn Licht im Haus?« – »Nein, wir saßen vor der Tür auf der Bank, und der Mond schien hell.« – »Nun! Und da ging ein kalter Wind?« – »Nein, es war gar nicht kalt, es war warm, und die Luft ganz still und wir waren auch still. Die reifen Früchte fielen von den Bäumen, er sagte: da fällt schon wieder ein Apfel und rollt den Berg hinab; da überflog mich ein

Frostschauer; – der *Wolfgang* sagte: ›Mäuschen, du frierst‹, und schlug mir seinen Mantel um, den zog ich dicht um mich, seine Hand hielt ich fest, und so verging die Zeit; – wir standen beide zugleich auf und gingen Hand in Hand durch den einsamen Wiesengrund; – jeder Schritt klang mir wieder im Herzen, in der lautlosen Stille, – der Mond kam hinter jedem Busch hervor und beleuchtete uns, – da blieb der *Wolfgang* stehen, lachte mich an im Mondglanz und sagte zu mir: ›Du bist mein süßes Herz‹, so führte er mich bis zu seiner Wohnung und das war alles.« – »Das waren goldne Minuten, die keiner mit Gold aufwiegen kann«, sagte die Mutter, »die sind nur dir beschert, und unter Tausenden wird's keiner begreifen, was dir für ein Glückslos zugefallen ist; ich aber versteh es und genieße es, als wenn ich zwei schöne Stimmen sich singend Red und Antwort geben hörte über ihr verschwiegenstes Glück.«

Da holte mir die Mutter Deinen Brief und ließ mich lesen, was Du über mich geschrieben hast, daß es Dir ein großer Genuß sei, meine Mitteilungen über Dich zu hören; die Mutter meint, sie könne es nicht, es läg in meiner Art, zu erzählen, das Beste.

Da hab ich Dir nun diesen schönen Abend beschrieben.

Ich weiß ein Geheimnis: wenn zwei miteinander sind und der göttliche Genius waltet zwischen ihnen, das ist das höchste Glück. Adieu, mein lieber Freund.

Die olympische Größe jedenfalls hat Bettines Goethe in diesem Briefwechsel abgetan, den Lorbeerkranz abgelegt, um sich ganz dem schreibenden Kind hinzugeben.

Ich aber kann Ihr sagen, daß mir bis heute die allgemeine Begeistrung für seine Größe, für seinen Namen noch nicht aufgegangen ist. Meine Liebe zu ihm beschränkt sich auf das Stübchen mit weißen Wänden, wo ich ihn zuerst gesehen, wo am Fenster der Weinstock, von seiner Hand geordnet, hinaufwächst, wo er auf dem Strohsessel sitzt und mich in seinen Armen hält; da läßt er keinen Fremden ein, und da weiß er auch von nichts als nur von mir allein. Frau Rat! Sie ist seine Mutter, und Ihr sag ich's: wie ich ihn zum erstenmal gesehen hatte, und ich kam nach Haus, da fand ich, daß ein Haar von seinem Haupt auf meine Schulter gefallen war. Ich verbrannte es am Licht, und mein Herz war ergriffen, daß es auch in Flammen ausschlug, aber so heiter, so lustig wie die Flammen in blauer, sonnenheller Luft, die man kaum gewahr wird, und die ohne Rauch ihr Opfer verzehrt. So wird mir's auch gehen: mein Leben lang werde ich lustig in die Lüfte flackern, und die Leute werden nicht wissen, woher sich diese Lust schreibt; es ist nur, weil ich weiß, daß, wenn ich zu ihm komme, er allein mit mir sein will und alle Lorbeerkränze vergißt.

Leb Sie wohl und schreib Sie ihm von mir.

Bettine intimisiert nicht etwa Goethe, sie macht sich mit ihm intim. Nur so bleibt er ein Gott, denn nur ein Gott kann sich in solch täppischen Situationen zeigen, wie Bettine sie für ihn erfindet, ohne an Würde zu verlieren. Bettine ist ebenso absichtsvoll geistreich wie geschmacklos. Ihr Verhältnis zu Goethe ist bis ins kleinste durchdacht. Selbst Goethes Schwächen sind kalkuliert, um seine Stärken zu zeigen. Goethes Antwortbriefe, die nur einen geringen Teil des »Briefwechsels« ausmachen, sind so lakonisch, wie er es tatsächlich stets Verehrern gegenüber war. Sie haben ihm den Ruf eingetragen, er sei dem wilden Temperament der Bettine nicht gewachsen gewesen. Jedoch tritt er in ihrem Buch in zweierlei Gestalt auf: Die, die er selbst vorzustellen bereit ist, gibt nur

*das Rohmaterial für die Gestalt jenes Goethe, die Bettine
selbst formt. Dieser Goethe ist ihr ganz zu Willen. Er ist der
Gott in seinen schwachen Augenblicken, in denen er sich
allein Bettine Brentano und keinem sonst zeigt.*

*Das schreibende Kind dankt für die Zuneigung und für
die Berührungen mit dem Weltgeist, indem es sich zur Atti-
tüdendarstellerin seiner Werke macht. Bettine spielt Goethe
nicht nur die abenteuerliche Szene des Überfalls aus dem
»Wilhelm Meister« vor, sie tanzt auch vor ihm wie Mignon
vor Wilhelm Meister und singt ihm Mignons Lieder vor. Goethes Werk scheint sich in Gestalt seiner Briefpartnerin in der
Wirklichkeit noch einmal zu wiederholen.*

Wenn ich alles aus dem Herzen in die Feder fließen ließ, so
würdest Du manches Blatt von mir beiseite legen, denn immer von mir und von Dir, und einzig von meiner Liebe, das
wär doch nur der bewußte ewige Inhalt.

Ich hab's in den Fingerspitzen und meine, ich müßte Dir
erzählen, was ich nachts von Dir geträumt habe, und denk
nicht, daß Du für anders in der Welt bist. Häufig hab ich
denselben Traum, und es hat mir schon viel Nachdenken gemacht, daß meine Seele immer unter denselben Bedingungen
mit Dir zu tun hat; es ist, als solle ich vor Dir tanzen, ich bin
ätherisch gekleidet, ich hab ein Gefühl, daß mir alles gelingen werde, die Menge umdrängt mich. – Ich suche Dich,
dort sitzest Du frei mir gegenüber; es ist, als ob Du mich
nicht bemerktest und seiest mit anderem beschäftigt; – jetzt
trete ich vor Dich, goldbeschuhet, und die silbernen Ärme
hängen nachlässig, und warte; da hebst Du das Haupt, Dein
Blick ruht auf mir unwillkürlich, ich ziehe mit leisen Schrit-
ten magische Kreise, Dein Aug verläßt mich nicht mehr, Du
mußt mir nach, wie ich mich wende, und ich fühle einen
Triumph des Gelingens; – alles, was Du kaum ahnest, das

zeige ich Dir im Tanz, und Du staunst über die Weisheit, die ich Dir vortanze, bald werf ich den luftigen Mantel ab und zeig Dir meine Flügel und steig auf in die Höhen; da freu ich mich, wie Dein Aug mich verfolgt; dann schweb ich wieder herab und sink in Deine umfassenden Arme; dann atmest Du Seufzer aus und siehst an mir hinauf und bist ganz durchdrungen; aus diesen Träumen erwachend, kehr ich zu den Menschen zurück wie aus weiter Ferne; ihre Stimmen schallen mir fremd und ihre Gebärden auch; – und nun laß mich bekennen, daß bei diesem Bekenntnis meiner Traumspiele meine Tränen fließen. Einmal hast Du für mich gesungen: »So laßt mich scheinen, bis ich werde, zieht mir das weiße Kleid nicht aus.« – Diese magischen Reize, diese Zauberfähigkeiten sind mein weißes Kleid; ich flehe auch, daß es mir bleibe, bis ich werde, aber Herr: diese Ahnung läßt sich nicht bestreiten, daß auch mir das weiße Kleid ausgezogen werde, und daß ich in den gewöhnlichen des alltäglichen gemeinen Lebens einhergehen werde, und daß diese Welt, in der meine Sinne lebendig sind, versinken wird; das, was ich schützend decken sollte, das werde ich verraten; da, wo ich duldend mich unterwerfen sollte, da werde ich mich rächen; und da, wo mir unbefangne kindliche Weisheit einen Wink gibt, da werd ich Trotz bieten.

Die poetischen Vergleiche, die Bettine wählt, sind nicht selten den Gedichten Goethes entnommen. In einem seiner ersten Briefe hatte ihr Goethe sein Sonett »Mächtiges Überraschen« übersandt:

Ein Strom entrauscht umwölktem Felsensaale
Dem Ozean sich eilig zu verbinden;
Was auch sich spiegeln mag von Grund zu Gründen,
Er wandelt unaufhaltsam fort zu Tale.

35

Dämonisch aber stürzt mit einem Male –
Ihr folgten Berg und Wald in Wirbelwinden –
Sich Oreas, Behagen dort zu finden,
Und hemmt den Lauf, begrenzt die weite Schale.

Die Welle sprüht, und staunt zurück und weichet,
Und schwillt bergan, sich immer selbst zu trinken;
Gehemmt ist nun zum Vater hin das Streben.

Sie schwankt und ruht, zum See zurückgedeichet;
Gestirne, spiegelnd sich, beschaun das Blinken
Des Wellenschlags am Fels, ein neues Leben.

Bettine konnte den Inhalt so nehmen, als sei er auf ihr Erscheinen in Weimar gemünzt, als sei sie es, die dem Leben des Dichters dämmende Felsen in den Weg werfe, seinen ruhigen Fortgang bannend wie die Nymphe Oreas, die den Fluß des rauschenden Stromes unterbricht. In einem späteren Brief nimmt Bettine dieses Bild wieder auf.

⟨...⟩ ich sah die Wasser sich sammeln und ihren Weg zwischen den Felskanten suchen hinab in die Flut; gestürzte Tannen brachen den brausenden Wassersturz, und Felssteine spalteten seinen Lauf; er war unaufhaltsam; er riß mit sich, was nicht widerstehen konnte. – Da überkam mich eine so gewaltige Lust – ich konnte auch nicht widerstehen: ich schürzte mich hoch, der Morgenwind hielt mich bei den Haaren im Zaum; ich stützte beide Hände in die Seite, um mich im Gleichgewicht zu halten, und sprang hinab in kühnen Sätzen von einem Felsstück zum andern, bald hüben bald drüben, das brausende Wasser mit mir, kam ich unten an; da lag, als wenn ein Keil sie gespalten hätte bis an die Wurzel, der halbe Stamm einer hohlen Linde, quer über den sich sammelnden Wassern.

Nach ihrer ersten Reise zu Goethe kehrt Bettine nach Frank-
furt zurück. Schon von Kassel aus hatte sie ihren ersten Brief
an Goethe gesandt. In ihrem Briefwerk ist der Abschieds-
brief auf den 1. August datiert. Eine zweite Begegnung zwi-
schen ihr und Goethe fand im selben Jahr erst im November
statt, als sie ihre Schwester Meline begleitet. In der Samm-
lung der Briefe werden im allgemeinen weder Ortsangaben
noch Daten genannt: Sie sollen nicht an die Bedingungen
von Ort und Zeit gebunden sein. Der Abschiedsbrief ist da-
her wie eine Stiftungsurkunde ihres zweiten, ihres wahreren
Lebens zu lesen. Sie wählt dabei die pietistische Formel für
den christlichen Tod: »im Herrn entschlafen«, und deutet
damit an, daß sie durch die Begegnung mit dem Dichter dem
wirklichen Leben abgestorben sei, um in einem neuen auf-
zuerstehen.

Freund, ich bin allein; alles schläft, und mich hält's wach,
daß es *kaum* ist, wie ich noch mit Dir zusammen war. Vielleicht, *Goethe*, war dies das höchste Ereignis meines Lebens;
vielleicht war es der reichste, der seligste Augenblick; schö-
nere Tage sollen mir nicht kommen, ich würde sie abweisen.

Es war freilich ein letzter Kuß, mit dem ich scheiden
mußte, da ich glaubte, ich müsse ewig an Deinen Lippen
hängen, und wie ich so dahin fuhr durch die Gänge unter
den Bäumen, unter denen wir zusammen gegangen waren,
da glaubte ich, an jedem Stamme müsse ich mich festhal-
ten, – aber sie verschwanden, die grünen wohlbekannten
Räume, sie wichen in die Ferne, die geliebten Auen, und
Deine Wohnung war längst hinabgesunken, und die blaue
Ferne schien allein mir meines Lebens Rätsel zu bewachen;
– doch die mußt auch noch scheiden, und nun hatt ich nichts
mehr als mein heiß Verlangen, und meine Tränen flossen
diesem Scheiden; ach, da besann ich mich auf alles, wie Du

mit mir gewandelt bist in nächtlichen Stunden und hast mir
gelächelt, daß ich Dir die Wolkengebilde auslegte und meine
Liebe, meine schönen Träume, und hast mit mir gelauscht
dem Geflüster der Blätter im Nachtwind; der Stille der fernen weit verbreiteten Nacht. – Und hast mich geliebt, das
weiß ich; wie Du mich an der Hand führtest durch die
Straßen, da hab ich's an Deinem Atem empfunden, am Ton
Deiner Stimme, an etwas, wie soll ich's Dir bezeichnen, das
mich umwehte, daß Du mich aufnahmst in ein inneres ge-
heimes Leben, und hattest Dich in diesem Augenblick mir allein zugewendet und begehrtest nichts, als mit mir zu sein;
und dies alles, wer wird mir's rauben? – Was ist mir verloren? – Mein Freund, ich *habe alles, was ich je genossen.*
Und wo ich auch hingehe – mein Glück ist meine Heimat.

Wie die Regentropfen rasseln an den kleinen runden Fen-
sterscheiben, und der Wind furchtbar tobt! Ich habe schon
im Bett gelegen und hatte mich nach der Seite gewendet und
wollte einschlafen in Dir, im Denken an Dich. – Was heißt
das: *im Herrn entschlafen*? Oft fällt mir dieser Spruch ein,
wenn ich so zwischen Schlaf und Wachen fühle, daß ich mit
Dir beschäftigt bin; – ich weiß genau, wie das ist: der ganze
irdische Tag vergeht dem Liebenden, wie das irdische Leben
der Seele vergeht; sie ist hier und da in Anspruch genommen,
und ob sie sich's schon verspricht, sich selber nicht zu um-
gehen; so hat sie sich am End durch das Gewebe der Zeiten
durchgearbeitet, immer unter der heimlichen Bedingung,
einmal nur Rücksprache zu nehmen mit dem Geliebten, aber
die Stunden legen im Vorüberschreiten jede ihre Bitten und
Befehle dar; und da ist ein übermächtiger Wille im Menschen, der heißt ihn allem sich fügen; den läßt er über sich
walten, wie das Opfer über sich walten läßt, das da weiß, es
wird zum Altar geführt. – Und so entschläft die Seele im
Herrn, ermüdet von der ganzen Lebenszeit, die ihr Tyrann

war und jetzt den Zepter sinken läßt. Da steigen göttliche Träume herauf und nehmen sie in ihren Schoß und hüllen sie ein, und ihr magischer Duft wird immer stärker und umnebelt die Seele, daß sie nichts mehr von sich weiß; das ist die Ruhe im Grabe; so steigen Träume herauf jede Nacht, wenn ich mich besinnen will auf Dich; und ich lasse mich ohne Widerstand einwiegen; denn ich fühle, daß mein Wolkenbett aufwärts mit mir steigt!

Mit den Grüßen an Goethes Frau Christiane am Ende ihrer Briefe und mit den Frankfurter Besuchen bei Goethes Mutter hat sich Bettine in den Familienkreis Goethes eingeschlichen. Der Dichter reagierte nur reserviert auf die einundzwanzigjährige Bettine. Erst als er mit der Arbeit an »Dichtung und Wahrheit« begann, interessierte er sich für das, was ihr die Mutter aus seiner Jugend mitgeteilt hat. Er nahm diese Berichte als »Aristeia der Mutter« (d. h. die Erzählungen von den Heldentaten des Knaben) in seine Papiere auf, aus denen er aber nur wenige Passagen in seine Autobiographie einarbeitete. 1810 begegneten sich die beiden ungleichen Briefpartner noch einmal in Teplitz, wohin Bettine mit ihrem Schwager Savigny gereist war. 1811 aber kam es zum Bruch mit Goethe, der so schnell nicht wieder zu versöhnen war. Inzwischen hatte Bettine Achim von Arnim geheiratet; auf der Reise von Berlin zu den Verwandten in Frankfurt weilten die Eheleute wieder in Weimar. Beim Besuch einer Gemäldeausstellung soll Bettine Goethes Frau Christiane durch ihre »kecken Verfehlungen« brüskiert haben, jene reagierte handgreiflich. Auch bei den vielen späteren Zusammentreffen Goethes mit dem Ehepaar von Arnim kam es zu keiner Annäherung mehr; Briefe Bettines, wie etwa der folgende von 1817, blieben unbeantwortet.

Nicht geahndet hab ich es, daß ich je wieder so viel Herz fassen würde an Dich zu schreiben, bist Du es denn? oder ist es nur meine Erinnerung, die sich so in der Einsamkeit zu mir lagert und mich allein mit ihren offnen Augen anblickt? Ach, wie vielmal hab ich in solchen Stunden Dir die Hand dargeboten, daß Du die Deinigen hineinlegen möchtest, daß ich sie beide an meine Lippen drücken könnte. – Ich fühl es jetzt wohl, daß es nicht leicht war, mich in meiner Leidenschaftlichkeit zu ertragen, ja ich ertrage mich selbst nicht, und mit Schauder wende ich mich von all den Schmerzen, die die Betrachtung in mir aufwühlt.

Warum aber gerad heute, nachdem Jahre vorüber sind, nachdem Stunden verwunden sind, wo ich mit Geistern zu kämpfen hatte, die mich zu Dir hin mahnten? Heute bedachte ich es, daß vielleicht auch du nie eine Liebe erfahren habest, die bis ans End gewährt habe, heute hatte ich die Haare in Händen, die Deine Mutter sich abschnitt, um sie mir als ein Zeichen ihrer Liebe nach ihrem Tode reichen zu lassen, und da faßte ich Herz, einmal will ich Dich noch rufen, was kann mir widerfahren, wenn Du nicht hörst?

Die Leute gehen jetzt häufig in die Kirche, sie gehen zum Abendmahl, sie sprechen viel von ihrem Freund und Herrn, von dem Sohn ihres Gottes; ich habe nicht einmal den Freund bewahrt, den ich mir *selbst* erwählte, mein Mund hat sich geschlossen über ihn, als ob ich ihn nicht kenne, ich habe das Richtschwert der Zunge über ihm blitzen sehen und hab es nicht abgewehrt, siehst Du, so wenig Gutes ist in mir, da ich doch damals so gewiß besser sein wollte als alle, die so sind.

Mir träumte vor drei Jahren, ich erwache aus einem ruhigen Schlaf auf Deinen Knien sitzend, an einer langen gedeckten Tafel, Du zeigtest mir ein Licht, was tief herabgebrannt war und sagtest: »So lange hab ich dich an meinem

Herzen schlafen lassen, alle Gäste sind von der Tafel weg-
gegangen, ich allein bin, um deine Ruhe nicht zu stören, sit-
zengeblieben, nun werfe mir nicht mehr vor, daß ich keine
Geduld mit dir habe« – ja wahrlich, das träumte ich, ich wollte Dir damals schreiben, aber eine Bangigkeit, die mir bis in
die Fingerspitzen ging, hielt mich davon ab; nun grüße ich
Dich nochmals durch alle Nacht der Vergangenheit und
drücke die Wunden wieder zu, die ich so lange nicht zu be-
schauen wagte, und warte ab, ob Du mich auch noch hören
willst, eh ich Dir mehr erzähle.

Bettine

Den Tag, an dem ich dies geschrieben, geriet das Komö-
dienhaus in Brand, ich ging nach dem Platz, wo Tausende
mit mir dies unerhörte Schauspiel genossen, die wilden
Flammendrachen rissen sich vom Dache los und ringelten
sich nieder oder wurden von Windstößen zerrissen, die Hitze
hatte die schon tröpfelnden Wolken verzehrt oder zerteilt,
und man konnte durch die rote Glut ruhig ins Antlitz der
Sonne sehen, der Rauch wurde zum rötlichen Schleier. Das
Feuer senkte sich in die innern Gemächer und hüpfte von
außen hier und dort auf dem Rand des Gebäudes umher, das
Gebälke des Daches war in einem Nu in sich hereingestürzt,
und das war herrlich; nun muß ich Dir auch erzählen, daß
es währenddem in mir jubelte, ich glühte mit, der irdische
Leib verzehrte sich, und der unechte Staat verzehrte sich mit,
man sah durch die geöffnete Türe, durch die dunkeln toten
Mauern alle Fenster schwarz, den Vorhang des Theaters
brennend niederstürzen, nun war das Theater im Augenblick ein Feuermeer, jetzt ging ein leises Knistern durch alle
Fenstern, und sie waren weg, ja, wenn die Geister solcher
Elemente einmal die Flügel aus den Ketten los haben, dann
machen sie es arg. In dieser andern Welt, in der ich nun

stand, – dachte ich an Dich, den ich schon so lange verlassen hatte; Deine Lieder, die ich lange nicht gesungen hatte, zuckten auf meinen Lippen, ich allein vielleicht unter den Tausenden, die da standen, die schauderten, die jammerten, ich allein fühlte in seliger einsamer Begeisterung, wie feuerfest Du bist – ein Rätsel hatte sich gelöst, deutlicher und besser konnte der Schmerz, der oft in früheren Zeiten in meiner Brust wühlte, nicht erläutert werden, ja es war gut, mit diesem Hause brannte ein dumpfes Gebäude nieder, frei und licht ward's in meiner Seele, und die Vaterlandsluft wehte mich an, – noch eins will ich Dir davon erzählen: in den ersten Nachmittagsstunden schon hatte das Feuer seine Rolle im Innern ausgespielt, wie der Mond aufging, hüpften die kleinen Flammengeister spielend in die Fenstermauern, in den Verzierungen tanzend lichteten sie die geschwärzten Masken. Am dritten Tag schlug die Flamme aus den tiefgehöhlten Balkenlöchern. Gelt, mehr läßt sich nicht erwarten, – willst Du mir nun über all diesen Schutt die Hand wieder reichen, willst Du bis ans End mich warm und liebend für Dich wissen, so sag ein Wort, aber bald, denn ich habe Durst.

Seit den langen Jahren hab ich das Schreiben verlernt, die Gedanken arbeiten sich auf ungeebnetem Weg durch, und doch denk ich mich noch wie den schäumenden Becher in Deiner Hand, aus dem Du gern nippen magst.

Wenn das beigefügte Blatt noch seine Farbe hat, so kannst Du sehen, welche Farbe meine Liebe zu Dir hat, denn immer kommt's mir vor, als ob's grad so innig rot und so ruhig, und der goldne Samenstaub auch, so ist Dein Bett in meinem Herzen bereitet, verschmähe es nicht. Meine Adresse ist Georgen-Straße Nr. 17.

Erst als die Stadt Frankfurt 1819 ein Denkmal für Goethe plante und Bettine selbst einen Vorschlag machte, der sogar als Gipsmodell im Städelschen Kunstinstitut ausgestellt wurde, zeigte sich Goethe ihr wieder geneigt. Mit der ihr eigenen Feierlichkeit schildert sie ihrem Mann, Achim von Arnim, 1824 einen Besuch bei Goethe nach der Versöhnung.

Goethe war wunderbar in seiner Erscheinung wie im Betragen, mit großer, erhabner Feierlichkeit entließ er mich, er legte mir beide Hände auf den Kopf und segnete mich mit folgenden Worten, indem er die ausgepackte Skizze betrachtete, an der die Leier und Psyche zerbrochen war: »Dies Werk hast Du nur aus Liebe zu mir vollbringen können, und dies verdient wieder Liebe, und darum sei gesegnet, und wenn mir's Gott vergönnt, so sei alles Gute, was ich besitze, auf Dich und Deine Nachkommen vererbt« – er grüßt, er rief mir noch auf der Treppe nach »grüß mir den Arnim recht ordentlich.«

Den Entwurf des Denkmals beschreibt Bettine in einem im Original erhaltenen Brief an Goethe vom 1. Januar 1824 minutiös.

Indessen wuchs mir die Sehnsucht, auch einmal nach dem heiligen Ideal meiner Begeistrung Dich auszusprechen; beifolgende Zeichnung gebe Dir einen Beweis, von dem was Inspiration vermag ohne Übung der Kunst, denn ich habe nie gezeichnet oder gemalt, sondern nur immer den Künstlern zugesehen und ⟨mich⟩ gewundert über ihre beharrliche Ausdauer in der Beschränkung, indem sie nur das achten, was einmal Sprachgebrauch in der Kunst geworden, und wohl das bekannte gedankenlose Wort achten, nie aber den Gedanken, der erst das Wort heiligen soll. Kein herkömmlicher

Prozeß kann den Geist und den Propheten und den Gott in einem ewigen Frieden in dem Kunstwerk vereinen. Der *Goethe*, wie ich ihn hier mit zitternder Hand, aber mit feuriger mutiger Anschauung gezeichnet habe, weicht schon vom *graden Weg* der Bildhauer ab, denn er senkt sich unmerklich nach jener Seite, wo die im Augenblick der Begeistrung vernachlässigte Lorbeerkrone in der losen Hand ruht, die Seele von höherer Macht beherrscht, die Muse in Liebesergüssen beschwörend, während die kindliche Psyche das Geheimnis seiner Seele durch die Leier ausspricht; ihr Füßchen findet keinen andern Platz, sie muß sich auf dem Deinen den höheren Standpunkt erklettern; der mächtige Leib bietet den Strahlen der Sonne, den Arm, dem der Kranz anvertraut ist, haben wir mit der Unterlage des Mantels weich gebettet. Der Geist steigt im Flammenhaar über dem Haupt empor, umringt von einer Inschrift, die Du verstehen wirst, wenn Du mich nicht mißverstehst; sie ist auf die verschiedenste Art ausgelegt worden und immer so, daß es Deinem Verhältnis zum Publikum entsprach, ich habe einesteils damit ausdrücken wollen: »Alles was Ihr mit Euern leiblichen Augen nicht mehr erkennt, ist über das Irdische hinaus dem Himmlischen zuteil geworden«, ich habe noch was anders sagen wollen, was Du auch empfinden wirst, was sich nicht aussprechen läßt; kurz diese Inschrift liegt mir wie Honig im Munde, so süß finde ich sie, so meiner Liebe ganz entsprechend. – Die kleinen Genien in den Nischen am Rande des Sessels, die aber mehr wie kleine ungeschickte Bengel geraten sind, haben in jeder ein Geschäft für Dich, und sind gleichsam zu Deiner Bedienung, sie keltern Dir den Wein, sie zünden Dir Feuer an und bereiten das Opfer, sie gießen Öl auf die Lampe bei Deinen Nachtwachen und der hinter Deinem Haupt lehrt auf der Schalmei die jungen Nachtigallen im Neste besser singen. Mignon an Deiner rechten Seite im Augenblick, wo

44

sie entsagt (ach und ich mit ihr für diese Welt, mit so tausend Tränen so tausendmal dies Lied aussprechend und die immer wieder aufs neu erregte Seele wehmütig beschwichtigend), dies erlaube, daß ich dieser, meiner Liebe zur Apotheose den Platz gegeben, jenseits, die meinen Namen trägt, im Augenblick wo sie sich überwerfen will, nicht gut geraten, ich hab sie noch einmal gezeichnet, wo sie auf dem Köpfchen steht, da ist sie gut gelungen. Konntest Du diesseits so fromm sein, so durftest Du jenseits wohl so naiv sein; es gehört zusammen. – Unten am Sockel hab ich *ein Frankfurter Kind wie Du*, meiner guten Stadt Frankfurt Ehre erzeugt, an beiden Seiten des Sockels, den Du nicht siehst, sollen Deine Werke eingegraben werden von leichtem erhabnem Lorbeergesträuch überwachsen, der sich hinter den Pilastern hervordrängt und den Frankfurter Adler an der Vorderseite reichlich umgibt, und krönt; hinten können die Namen und Wappen derjenigen eingegraben werden, die dieses Monument verfertigen lassen.

Seltsamerweise ist »Goethes Briefwechsel mit einem Kinde« dem Fürsten Pückler-Muskau gewidmet. Auch wenn man die literarische und gesellschaftliche Bedeutung dieses Mannes im damaligen Preußen in Betracht zieht, reicht diese Begründung nicht aus, um die Widmung zu erklären. Nach dem Ableben Goethes suchte Bettine nach einem neuen Idol und belästigte den gleichaltrigen Fürsten mit liebestollen Anträgen. Der Elegant wehrte, anders als der mit Worten geizende Goethe, ihre Aufdringlichkeit in vielen wortgewandten und geistreichen Briefen ab. Aber selbst wenn man Pücklers faszinierende Persönlichkeit und seinen exzentrischen Lebensstil bedenkt, hätte solche Ausstattung noch lange nicht genügt für eine Nominierung als Nachfolger Goethes, wie Bettine sie vornahm. In Pückler-Muskau ehrt sie mit ihrer Widmung vielmehr den Editor des eigenen Lebens, den Autor, der literarisch in dieselbe Richtung strebte wie sie. In den vier Bänden der »Briefe eines Verstorbenen« hatte Pückler-Muskau in den Jahren 1830-32 Briefe und Tagebuchaufzeichnungen aus England, Wales, Irland und Frankreich herausgegeben. Seine Verschmelzung von originalem Brief und nachbearbeiteter Brieffiktion, von Tagebuchbericht und poetisierter Lebenserinnerung wird zum Modell für Bettines Bearbeitung ihrer eigenen Briefe. Bei ihr wie bei Pückler gleitet das Leben in die Literatur hinüber, ohne daß es bei der Umarbeitung ganz verlorengeht. Die Daten der wirklichen Erfahrung bleiben erhalten, nur ihre Darstellung wird geschönt. Diese Art von Briefdichtung hat Pückler erfunden, und Bettine hat sie ihm nachgemacht.

Die Ansiedlung des Briefes zwischen Leben und Literatur setzt die Briefeditionen fort, die in jenen Jahren Mode geworden waren und die Goethe selbst, mit der Publikation seines Briefwechsels mit Schiller etwa, eröffnet hat. Auch Varnhagen van Ense trat in »Ein Buch des Andenkens« mit den Briefen seiner Frau Rahel in die Reihe der Sammler des vergänglichen Lebens ein. Diese Veröffentlichungen sind Teil des bürgerlichen Rollenspiels: Der Briefschreiber lebt ein erstes Mal im Brief und führt ein höheres Leben im edierten Brief. Als Auferstehung zu einem zweiten Leben versteht auch Bettine ihr Leben im bearbeiteten Briefwerk:

In meinen jungen Jahren, da hab ich das alles so gelebt. Dann hab ich geheiratet, da kamen meine Kinder, da dacht ich an weiter gar nichts und war wie die Katz mit ihren Jungen. Nun sind die Kinder groß, und ich habe Ruhe, da hab ich die alten Briefe wiedergelesen, da ist mir das alles wieder aufgewacht, und ich habe zum zweiten Mal gelebt.

In einer späteren Edition, in »Ilius Pamphilius und die Ambrosia«, beschreibt Bettine dem Freund Nathusius die Methode ihrer Bearbeitung:

Ich dachte einmal, unsere Briefe ineinander zu ordnen, das, was zu warm sei, zu üppig in den meinen ins Kraut geschossen, herauszubrechen, das, was ich von tieferen Anschauungen bewahrt hatte, hineinzufügen und so leise die Quelle Deines Dichterlebens an den Tag zu leiten, – und da sollten diese Knospen des Musenfrühlings, in ihrem Bettchen so recht behaglich bewahrt, einen reinen Eindruck auf die Jünglingsleser machen.

Mit dem literarisch überarbeiteten Brief entsteht ein eigenes literarisches Genre, an dessen Schöpfung Bettine beteiligt ist. Nachdem in der Mitte des 18. Jahrhunderts Gellert die Regeln für den privaten Brief gefunden hatte, gilt die stilisierte Mündlichkeit als Ausdrucksmittel eines guten Briefes. Sein Inhalt sind die Augenblicke des alltäglichen Lebens, sein Stil ist die »Wohlredenheit«, die gehobene Rede der gebildeten Gesellschaft. Die neue, von Pückler-Muskau und Bettine Brentano begründete Gattung poetisiert die Mündlichkeit noch einmal durch die Häufung von Metaphern, von märchenhaften Szenen, von pointierten Formulierungen. Auf der einen Seite kommt das Genre dem Interesse des 19. Jahrhunderts für das private Leben entgegen, denn es verspricht Enthüllungen und Intimitäten, auf der anderen Seite mokiert es sich über eine solche Neugier, indem sie es immer im ungewissen hält, ob das Geschriebene jemals wirklich gesagt oder geschrieben worden sei.

Mit ihrem Briefbuch will Bettine Goethe (neben dem gezeichneten) ein geschriebenes Denkmal setzen. Sie gehorcht damit einer nationalen Tendenz. Das erwachende deutsche

Selbstbewußtsein war auf der Suche nach zentralen Leitbildern und symbolischen Figuren. Varnhagen van Ense hatte 1811 mit der literarischen Denkmalpflege begonnen, als er seine Frau Rahel und ihre Freundinnen dazu anregte, Briefe an Goethe zu schreiben, um diese dann zu publizieren. Nach dem Goethe-Buch findet allerdings Bettine nie mehr eine solch verehrenswerte Figur für ihre Gedächtnisfeier wie den Weimarer Olympier. Weder Caroline von Günderrode, die Freundin, die durch das Buch der Bettine bekannter wurde als durch ihre eigenen Poesien, noch der Bruder Clemens, dessen der »Frühlingskranz« gedenkt, und noch viel weniger der Student Nathusius, der Briefpartner der Ambrosia in »Ilius Pamphilius«, mit dem sie in der Hoffnung korrespondierte, eine poetische Größe aufzuerziehen, reichen an die Bedeutung Goethes heran. Ihre Denkmalpflege erstreckt sich, wie am Entwurf eines Goethe-Denkmals zu sehen, sogar auf die Kunst. In späteren Jahren verfertigte sie auch die Skizze eines Denkmals für das von Ludwig I. als landwirtschaftliche Veranstaltung begründete Münchner Oktoberfest. Praktischer Denkmalpflege widmet sie sich, wie ein Brief an den Sachsen-Weimarer Kanzler von Müller von 1837 zeigt, wenn sie für den Schutz von Goethes Wohnhaus eintritt. Ihr Brief verwandelt die heilige Stätte in ein Grabmonument.

Ich denk an Goethes Haus, ich denk an die Wechsler im Tempel, wir wollen sie mit Geislen hinaus jagen; dies Haus ist der Kern aller heiligen Erinnerungen, es ist die Basis eines Monuments für ewige Zeiten und was Ihr Weimaraner der ganzen Welt schuldig seid; ⟨...⟩. Dies einzige, lieber Müller, bewircken Sie, daß das Haus frei bleibe von fremden Bewohnern, daß seine feierliche Stille nicht verunglimpft werde; machen Sie, daß Ihr Landesvater es kaufe, ⟨...⟩. – Denn wenn die Menschheit erst ans Profane gewöhnt ist, dann läßt sie sichs gefallen. ⟨...⟩ dringen Sie darauf, daß das Haus gekauft werde. Dann lassen Sie keinen mehr drin wohnen, O nein, lassen Sie keine unzüchtigen Weiber drinn wohnen. Dann will ich kommen und wir wollen das Monument in der Halle, wo seine Leiche stand, stellen, und nach der Straße zu soll das Haus verschlossen bleiben.

Nur allzu gern setzt Bettine ihre literarische Denkmalpflege in den Briefen fort, indem sie Legenden stiftet. Figuren, die sie für hinlänglich bedeutend hielt, bringt sie in pathetische Konstellationen, zeigt sie in heroischer Gestik, legt ihnen geistreiche Aussprüche in den Mund und zeichnet so ein eindrucksvolles Bild für die Nachwelt. Die Szene der Begegnung Goethes und Beethovens mit der österreichischen Kaiserin auf der Kurpromenade von Karlsbad (aus einem Brief an den Fürsten Pückler-Muskau vom März 1832) ist oft zitiert worden.

Die Kaiserin und österreichische Herzoge waren in Teplitz, und *Goethe* genoß viel Auszeichnung von ihnen, und besonders wars seinem Herzen keine geringe Angelegenheit, der Kaiserin seine Devotion zu bezeigen; er deutete dies mit feierlich bescheidenen Ausdrücken dem *Beethoven* an. »Ei was,« sagte der, »so müßt Ihrs nicht machen, da macht Ihr nichts Gutes, Ihr müßt ihnen tüchtig an den Kopf werfen, was sie an Euch haben, sonst werden sies gar nicht gewahr; da ist keine Prinzeß, die den Tasso länger anerkennt, als der Schuh der Eitelkeit sie drückt; ich habs ihnen anders gemacht; da ich dem Herzog *Rainer* Unterricht geben sollte, ließ er mich im Vorzimmer warten, ich habe ihm dafür tüchtig die Finger auseinander gerenkt; wie er mich fragte, warum ich so ungeduldig sei, sagte ich: er habe meine Zeit im Vorzimmer verloren, ich könne nun mit der Geduld keine mehr verbringen. Er ließ mich nachher nicht mehr warten, ja, ich hätts ihm auch bewiesen, daß dies eine Albernheit ist, die ihre Viehigkeit nur an den Tag legt. Ich sagte ihm: einen Orden könnten sie einem wohl anhängen, aber darum sei man nicht um das geringste besser; einen Hofrat, einen Geheimerat können sie wohl machen, aber keinen *Goethe*, keinen *Beethoven*, also das, was sie nicht machen können, und was sie selber noch lange nicht sind, davor müssen sie Respekt haben lernen, das ist ihnen gesund.« – Indem kam auf dem Spaziergang ihnen entgegen mit dem ganzen Hofstaat die Kaiserin und Herzoge; nun sagte *Beethoven*: »Bleibt nur in meinem Arm hängen, sie müssen uns Platz machen, wir nicht.« – *Goethe* war nicht der Meinung, und ihm wurde die Sache unangenehm; er machte sich aus *Beethovens* Arm los und stellte sich mit abgezogenem Hut an die Seite, während *Beethoven* mit untergeschlagenen Armen mitten zwischen den Herzogen durchging und nur den Hut ein wenig rückte, während diese sich von beiden Seiten teilten, um ihm Platz zu machen, und ihn alle freundlich grüßten; jenseits blieb er stehen, und wartete auf *Goethe*, der mit tiefen Verbeugungen sie hatte an sich vorbeigelassen. – Nun sagte er: »Auf Euch hab ich gewartet, weil ich Euch ehre und achte, wie Ihr es verdient, aber jenen habt Ihr zu viel Ehre angetan.« – Nachher kam *Beethoven* zu uns gelaufen und erzählte uns alles und freute sich ganz kindisch, daß er *Goethen* so geneckt habe. – Die Reden sind alle wörtlich wahr, es ist nichts Wesentliches hinzugesetzt, *Beethoven* erzählte es mehrmals auf dieselbe Weise, und es war mir in mehr als einer Beziehung ganz wichtig; ich erzählte sie dem Herzog von Weimar, der auch in Teplitz war und ihn gewaltig neckte, ohne ihm zu sagen, woher er es habe. –

In Berlin war Bettine zur Freundin Schleiermachers gewor-
den; sie hatte auch seinen religiösen Ton übernommen. Bei
seinem Tod 1834 entwirft sie die Legende eines großen Ster-
bens. In den Briefen an Pückler-Muskau macht sie den Phi-
losophen zum Heiligen, ja zu Christus selbst, der zwar nicht
mit seinen Jüngern, wohl aber mit seinen vielen Kindern das
Letzte Abendmahl feiert.

Schleiermacher, der einzige herrliche Geist, der Freund, der
so reichlich Liebe hatte, für jeden, wie er es bedurfte, ist
nicht gestorben, er hat nur mit kindlicher, spielender Anmut
den Leib abgelegt, und in dem Augenblicke, da es dem Geist
gelungen war sich abzulösen, hat er einen so mächtigen feurigen Schwung zum Himmel genommen, daß kein ähnliches
öffentliches Beispiel ihm an Erhabenheit kann an die Seite
gestellt werden.

Fünf Tage war er krank, schon in den ersten Tagen sagte
er lächelnd zu den Seinen, er werde nicht leben bleiben; am
sechsten Tage verlangte er seine Kinder zu sehen, um sie zu
segnen; man versagte es ihm, weil man fürchtete, es könnte
ihn sehr erschüttern; er ließ sichs gefallen, trug einem Freund
auf, den Kindern zu sagen, sein letztes Gebot sei an sie:
»Liebt euch untereinander«, ordnete an, daß seine zwei
ältesten Schulfreunde an seinem Grabe reden sollten, und
blieb ruhig bis zum andern Tag. Gegen Morgen, wo er aber-
mals verlangte, die Kinder zu sehen, versagte man es ihm aus
Furcht, er werde es nicht ertragen. Da sah er nach der Uhr,
es war neun Uhr; er sagte: »Geht nun alle weg, damit Ihr
nicht jammern müßt, wenn ich sterbe.« Sie wollten nicht gehen, nun forderte er Brot und Wein, »aber schnell, schnell!«
rief er laut und dringend; als man es ihm brachte, setzte er
sich auf im Bett, betete stark. Im Nebenzimmer, obschon die
Türe zu war, hörte man deutlich, wie er sagte: »Die Gnade

Gottes hat mich durchdrungen, so daß meine geistige Natur stark ist.« Dann reichte er das Brot und den Wein, reichte es allen und sagte jedem die Worte: »Nehmet hin und esset, das ist mein Leib, der für euch gegeben ward, und trinket alle, das ist mein Blut, das für euch vergossen ward.« Dann ließ er sich selbst das Brot und den Wein reichen durch seinen Schwiegersohn, und indem er befahl, man solle das übrige Brot und Wein unter seine Kinder austeilen, legte er sich sanft auf die Achsel seiner Frau und schloß ohne einen schweren Atemzug die Augen für immer.

Gerade an der Legende Schleiermachers wird Bettines Neigung erkennbar, die Großen zur Begründung des eigenen Ruhmes zu gebrauchen. Freilich zeichnet jeden Evangelisten die Berufung durch seinen Gott aus, und so geschieht es auch – und angeblich wider Willen – Bettine. Schleiermacher selbst habe sie zu seinem Lieblingsjünger und Exegeten erwählt.

Ich will mich daher in dieser Hinsicht bessern, so sehr ich kann; *Schleiermacher* hat mich oft seinen Plato genannt und mir gesagt: so wie Sokrates sich habe gefallen lassen, von jenem ausgelegt und gedeutet worden zu sein, so müsse er sich auch von mir gefallen lassen, und Ihnen kann ich wohl sagen, daß er mich mit süßen Lobsprüchen überhäufte und mir sagte: »Du hast Platos Geist, du bist aber viel gescheiter wie er und sagst größere Dinge und sprichst die Wahrheit tiefer und doch anmutiger aus.« Ja, Fürst *Pückler*, dies hat er mir gesagt, und mehr süßes Lob hat er mir gegeben, so fein, so tief, so reizend. O, die Grazie des Geistes ist auch eine himmlische Gabe und erregt zum göttlichen Lieben. – Sie werden es nicht mißverstehen, daß ich dies nicht aus falscher Bescheidenheit vor Ihnen verberge, es hat mich ja so glücklich gemacht, es macht mich noch so glücklich, daß es wohl verdient, im Vertrauen Ihnen mitgeteilt zu werden.

Im Fortgang des Briefwechsels mit Pückler baut Bettine die Legende Schleiermachers und ihrer Jüngerschaft aus. Dazu gehört auch die Verkündigung seiner Lehre. In gespielter Unkenntnis vom Charakter des Fürsten versucht sie auch ihn zu bekehren, obgleich sie wissen mußte, daß er gut ohne Religion auskam.

Schleiermacher war auch mein Freund. Was in meiner Seele vorging, war ihm wichtig. Er würdigte meine Gedanken; sie entsprachen meistens seinen spekulativen Forschungen und waren ihm in dieser Beziehung oft überraschend und doch erwartet. Was ich Ihnen in meinen letzten Briefen mitteilte über Geist, Gebet, inneren idealen Menschen, entspricht seiner Philosophie. Er verlangte auch, daß Sie erkennen, wie alles, was die sinnliche Natur in uns gestaltet, eine Vorbereitung geistiger Organisation ist, daß alles, was diese geistige Organisation in uns stört, böse ist; und daß nur *das* böse ist, was sie stört. Darauf können Sie fest bauen: es mag nah oder fern sein, *denn*, was wir als Christentum bekennen, sobald es der inneren Liebe zum Ideal entspricht, sobald es dieser Nahrung gibt, das Ideal in uns zur Herrscherwürde bestimmt, so ist es auch der gerade Weg zur göttlichen Liebe, die allein Weisheit und Christus ist.

Gebet ist Denken, Denken führt zur Wahrheit, darum heißt es auch: höret nicht auf zu beten, so werdet Ihr erhört werden; das heißt: höre nicht auf zu forschen, so wirst Du erhört werden, Du wirst Geist empfangen, der allein göttliches Geschenk ist. – Nicht wahr, das verstehen Sie?

Ihr Drang, die gute Gesellschaft zu brüskieren und sich durch ungehöriges Benehmen über sie zu erheben, läßt sie Szenen von solcher Peinlichkeit erfinden, daß nur noch Gläubige sie gutheißen könnten – und die konnte Bettine zu ihrer Zeit nicht finden. Sie legt in ihren Briefen die Fähigkeit an den Tag, den Geist körperlich zu spüren, das Wort zu schmecken und das Genie auf der Zunge zergehen zu lassen.

Einmal sagte ich zu ihm: »*Schleiermacher*, du wärst gewiß der herrlichste Mensch auf Erden geworden, aber eines fehlt dir!« – Alles war gespannt es zu wissen. Ich sagte: »Du hättest müssen die Milch meiner Brüste trinken, dann hätte sich deine Weisheit vollkommen und ohne Anstoß entwickelt.« Ich ging noch weiter und entwickelte noch mehr das *Wie* und *Warum*. Man fand mich sehr anstößig gegen Sitte und Geist. Ihn aber ergötzte dies, er sagte tiefe Wahrheiten, die alle Bezug hierauf hatten. Unter anderen auch dies: »Wenn wir erst einmal unsere Vorstellungen benutzen dürfen als Sprache, und wenn nichts mehr in der Form für unschicklich gilt, was im Geist nicht unschicklich ist, da nichts in ihm unschicklich ist, was werden wir da einander alles sagen können und was denken können, welche Begriffe werden uns da aufgehen, und wie werdens die Geister durch und durch fühlen, die sich lieben, daß sie für einander geschaffen sind!«

Ach, wie bin ich geschlagen, daß ich ihn nicht mehr habe, diesen Freund, diesen Geliebten meiner Seele; diesen Propheten der Seligkeit, – diesen scharfsinnigen Wissenden, dem nichts unbekannt, nichts unbegreiflich war, auch die Sünde nicht, – der sich immer inmitten des Vertrauens fühlte, nie außer ihm.

Die Existenz, auf die Bettine der Mit- und Nachwelt einen Blick gewährte, siedelt sie abwechselnd, oft auch gleichzeitig in einem Märchenschloß, einer Liebesgrotte oder einem Freiheitstempel an. Sie hat aber auch in einem wirklichen Haus unter wirklichen Menschen gelebt und diesen einen ganz anderen Charakter gezeigt: Sie war lernbegierig, witzig, phantasievoll und pragmatisch. Allerdings besaß sie vor nur wenigen Personen so viel Respekt, daß sie sie den ernsten Hintergrund all ihrer Eulenspiegeleien und Entgleisungen sehen ließ. Es waren dies vor allem Personen aus ihrer Jugendzeit, denen sie sich unterwarf und für die sie sich anstrengte: der Bruder Clemens, der Schwager Carl von Savigny und Ehemann Achim von Arnim. Clemens Brentano allerdings, dieser Artist der Häme und Heuchelei, scheint sie im literarischen wie im Lebensstil auf den Weg der eitlen Selbstdarstellung geführt zu haben, der falschen Gefühle, mit denen sie die Mitwelt verwirrte, und der erschlichenen Schönheit, die den Geschmack der Nachwelt strapaziert. Freilich hat sie sich mit der ihr eigenen Hartnäckigkeit sogar gegen ihn behauptet, sobald der Rebellische den Vernünftigen spielen wollte und sie zu gebührlichem Benehmen in der Familie ermahnte.

Der Jurist Carl von Savigny jedoch, sechs Jahre älter als Bettine und der Ehemann ihrer Schwester Gunda, galt in der Familie als der seriöse Gelehrte, vor dem sie sich als Schülerin hervortun wollte. In den Briefen an ihn äußert sie ihre Unsicherheit ungeniert, zugleich aber versucht sie auch bei ihm, Lob und Bewunderung zu erhaschen für ihre Besessenheit für das Hohe und Ideale. Um Savigny zu beeindrucken, zählt sie die ernsthaftesten Gegenstände der Geschichtsschreibung auf, denen sie ihr Privatstudium widmet.

Ich schreibe Dir, um Dir einen treuen Bericht von meinem Lernen abzustatten, welches ich denn um so lieber tue, da ich gewiß weiß, daß mein Fleiß und Eifer viel Freude machen wird. Die Geschichte studiere ich auf folgende Weise. Ich lese sie im allgemeinen des Morgens bei dem Günderödchen, des Nachmittags mache ich mir einen Auszug von dem, was ich gelesen habe; nachher lese ich im Plutarch die ausführliche Lebensbeschreibung der Männer, die in meinem Auszug vorkommen, welches mir unendlich viel Freude macht. Ich werde in kurzem eine genaue Übersicht von dem Teil der Geschichte haben, die mir zu Winckelm⟨anns⟩ Gesch⟨ichte der Kunst des Altertums⟩ nötig ist und werde sie denn mit allem Eifer studieren.

Sonderbar ist es, daß es mich sehr viel Mühe kostet, die einzelnen Teile der Geschichte wieder mit dem Ganzen zu vereinen und darauf anwendbar zu machen; diese verlieren sich vielmehr bei mir in eine Art poetischer Darstellung, aus der ich sie nachher nicht mehr herauszubringen vermag. Zum Beispiel Hannibal, er hat mich nämlich entzückt und sein Zug durch Italien ergreift mich einzig. Er ist so nervicht, so einfach, es war mir, da ich ihn las, als säße ich auf einem Berg und sähe seinen Zug unten im Tal durchwandlen mit aller Kraft, mit allem Geist und rauher herrlicher Natur. Es entzückt mich, wie die zwei mutigen Völker mit unerhörter Kraft einander verderben. Und dann sein kühner Marsch durch die hohen Alpen, wie er so geschickt, so schnell seine starken Feinde anpackt und überwindet, mit den einfachsten Grundsätzen. Es ist wohl nichts schwerer, lieber Habihnnie, als bei Übersehung solcher einzelner herrlicher Teile der Weltgeschichte den Verstand und Begriff in fester Verbindung mit dem Sinn zu halten, durch welche Verbindung doch einzig etwas erlernt werden kann. Ich lasse meistenteils meinen Verstand dahin ziehen, wohin er will, und taumle nachher ganz allein in der sinnlichen Vorstellung der Geschichte herum. Ich weiß nicht, wie das zugeht, mir klopft das Herz oft vor Angst, wenn ich denke, wo doch endlich dieser Verstand Ruhe finden soll, um sich zu entfalten und mit seiner Kraft in mein Wesen hinein zu wirken; ich glaube, ich bin zu *zwergleidenschaftlich* und *dummkindisch* und habe noch nicht gelernt, Dinge ordentlich zu betrachten, ohne sie sogleich an den Mund zu führen. Dies mein Naturell tut mir gewaltig leid. Denn was hilft es mich, wenn ich den reizbarsten Sinn für alles Schöne habe, wenn ich die Mängel nicht mit Gelassenheit ertragen und die Vortrefflichkeiten nicht mit Ruhe betrachten kann?

Savigny gegenüber, der in der Familie den Kosenamen »Habihnnie« trug, bekennt sie ihren Freiheitsdrang und zugleich die Einsicht, daß ihre Begabung durch die Umstände, die den Möglichkeiten einer Frau enge Grenzen setzen, gefesselt bleiben werde.

Ich schreibe Dir mit traurigem Herzen, obschon der Brief, den ich jetzt beantworte, mich mit Freude erfüllt hat; seid fruchtbar, ihr Briefe, und mehrt euch!

Daß ich traurig bin, kannst Du Dir wohl leicht erklären. So viel Lebenskraft und Mut zu haben und keine Mittel, ihn anzuwenden! Wie mag es einem großen Krieger zu Mut sein, dem das Herz glühet zu großen Unternehmungen und Taten, und der in der Gefangenschaft ist, mit Ketten beladen, an keine Rettung denken darf. Mir überwältigt diese immerwährende rastlose Begier nach Wirken oft die Seele und bin doch nur ein einfältig Mädchen, deren Bestimmung ganz anders ist. Wenn ich so denke, daß gestern ein Tag war, wie heute einer ist und morgen einer sein wird und wie schon viele waren und noch viele sein werden, so wird es mir oft ganz dunkel vor den Sinnen und ich kann mir selbst kaum denken, wie unglücklich mich das machen wird, nie in ein Verhältnis zu kommen, worinnen ich meiner Kraft gemäß wirken kann. Wenn die gute *Gundel* als traurig über mich ward, ohne sagen zu können, warum, so dachte ich wohl, ach, das ist ein Gefühl von deiner Nichtigkeit im Leben; wer dich kennt und dich lieb hat, dem muß es auf das Herz fallen, wie du nur als Erscheinung im Leben stehest und auch so endigen wirst. Ich habe in diesen Augenblicken die *Gundel* ganz unendlich lieb gehabt und es wird mir immer ein Band sein, das mich ewig an sie fesselt, es war mir immer ein Beweis, daß ihre Liebe, ihr Mitleiden recht aus der Tiefe ihres Herzens kam, ganz ohne übrigen Absichten. Wenn mich andere Menschen lieb hatten, so war es Bedürfnis oder Eigennutz und einer solchen Liebe kann keine Ewigkeit zu Teil werden, meine Liebe war nie so, darum dauert sie auch, an sie allein werde ich mich halten können und an sie allein weise ich alles, was Ansprüche im Leben an mich macht.

Ich habe Dir hier deutlich geschrieben, warum ich traurig bin, ganz ohne Überspannung und ohne Verwirrtheit, ich glaube und will nicht, daß Du besonders darauf achten sollst; es mag andern wohl vielleicht auf eine andere Art so gehen, ich schrieb es Dir auch nur, weil Deiner Freundschaft und Liebe ein ernstes und treues Vertrauen entgegengesetzt muß werden, um ihrer wert zu bleiben.

Ob der Lärm aus meinen Augen weggebannt ist, kann ich Dir nicht sagen, da ich ihn nicht von den übrigen Eigenschaften meines Auges unterscheiden ⟨kann⟩, aber kein Hoffart und kein Übermut ist in meiner Seele. Du schreibst mir, meine Liebe mache Dich froh und rühre Dich. Du bist so gut, Habihnnie, es war mir, als ob Du mich ans Herz drücktest, als ich dieses las. Du tatest es wohl auch in Gedanken, als Du es schriebst, und dachte⟨st⟩, ich will den guten *Butin* immer recht lieb haben.

Winckelmanns Geschichte der Kunst werde ich in wenigen Tagen bekommen, schreibe mir bald darüber, sonst möchte ich vielleicht Deinem Verbot nicht widerstehen können.

Dir, liebe *Gundel,* schreibe ich nichts mehr als daß ich Dich sehr lieb habe; denn alles, was ich an *Savigny* geschrieben habe, ist auch an Dich. Behalte mich lieb und denke an mich.

Als Savigny 1808 an die Universität Landshut berufen wurde, begleiteten ihn dorthin seine Frau Gunda und deren Schwester Bettine. Zunächst nahm diese – für die damalige Zeit ein demonstrativer Akt der Selbständigkeit – eine eigene Wohnung in München, um dort ihren Musikstudien nachzugehen. Sie soll, wie Theodor Bernhardi, der Schwager Ludwig Tiecks, in seinem Tagebuch vermerkt, auf den Straßen Münchens »im wunderlichen Aufzug« herumspaziert und von ihren Freunden, vor allem von Ludwig Tieck, »nicht wieder wegzubringen« gewesen sein. Bernhardi mag wohl recht haben, denn über Bettines Aufdringlichkeit haben sich alle Freunde beklagt. Ihr Münchener Leben, dessen Vergnügungen von Besuchen beim gichtkranken Tieck bis zu Begegnungen mit dem Kronprinzen Ludwig auf Faschingsbällen reichen, spiegelt ein originaler Brief an Goethe.

Seit mehrern Wochen bin ich in München, treib die meiste Zeit Musik, singe viel mit Kapellmeister *Winter,* die Stunden, die ich übrig habe, bringe ich am Krankenlager von *Ludwig Tieck* zu, er hat die Gicht; eine Krankheit, die allen bösen Launen, allem Überdruß und Melancholie stete Audience gibt; daher ich nicht sowohl aus Geschmack als vielmehr aus Menschlichkeit bei ihm ausharre, wenn Gesellschaft bei ihm ist, so lege ich mich in eine Ecke des Zimmers zum Schlafen, denn das Münchner Menschenwesen ist mir durchaus zuwider, selbst ⟨die⟩ *Jacobische* Himmelsleiter macht mir keine Neigung, daran hinauf zu klettern, die beiden Schwestern sehen ohnedem aus wie morsche Quersprossen, denen nicht zu trauen ist.

Es sind hier während dem Karneval so viele Feste, daß sie ganz ineinander übergehen, und ein wahrer Strudel daraus wird, es werden wöchentlich neue glänzende Opern gegeben in sehr brillantem Costume, indessen kann ich wenig Anteil daran nehmen, die Sänger und Schauspieler sind zum Teil so häßlich, daß ich mehr Ärgernis als Freude daran empfinde. Der einzige Mensch, der etwas Zusprechendes, Freundliches und wohl auch originell Geistreiches zu haben scheint unter allen, die ich kennen gelernt habe, ist der Kronprinz, sein ganzes Wesen scheint zwar mehr mit Gewalt die Freiheit erringen zu wollen, als mit ihr geboren zu sein. Seine Stimme, seine Sprache, seine Gebärden haben etwas Angestrengtes wie ein Mensch, der sich mit großem Aufwand von Kräften an glatten Felswänden anklammert, um ihre Spitze zu erreichen oder nicht zu stürzen, in allen Gliedern eine zitternde ängstliche Bewegung hat.

Ende September 1809 zieht Bettine nach Landshut. Dort kommt sie in die Umgebung der Studenten Savignys, gerät unter den Einfluß des Mediziners Johann Nepomuk Ringseis und in den Kreis um Johann Michael Sailer, den Inhaber des Lehrstuhls für Moral- und Pastoraltheologie. Hier zum ersten Mal durchbricht ihr Denken die Schranken, die einem Mädchen aus gutem Hause unter dem Namen der Bildung gesetzt waren. Die Euphorie, die bislang keinen Gegenstand hatte als ein paar historische Figuren, sich selbst und die

Bewunderung für einen klassischen Dichter, der wenig dar-
auf gab, erhält nun eine Richtung. Bettine übernimmt die
christlich-patriotischen Ideen der »Landshuter Romantik«,
wenngleich die politischen Ereignisse, von denen sie in Mün-
chen und Landshut hätte betroffen sein müssen – 1809
wurde eine Schlacht zwischen Österreich und Frankreich
vor den Toren der Stadt geschlagen –, in den Briefen aus die-
ser Zeit nur andeutungsweise erwähnt werden. Neben den
mystischen Ideen, die ihr Sailers pädagogischer Eifer ver-
mittelte, begeistert sie sich vor allem für den Tiroler Frei-
heitshelden Andreas Hofer; aber erst in den überarbeiteten
Briefen an Goethe ist von dieser Begeisterung die Rede.
Dort denkt sie, die sich zur wiedererstandenen Mignon stili-
siert, sich für Goethes Figur ein besseres Schicksal aus, hätte
diese nur von der Begeisterung für die politische Freiheit
gewußt.

Ich bin begierig, über Liebe sprechen zu hören, die ganze
Welt spricht zwar drüber, und in Romanen ist genug ausge-
brütet, aber nichts, was ich gern hören will. Als Beweis meiner Aufrichtigkeit bekenne ich Dir: auch im *Wilhelm Mei-*
ster geht mir's so, die meisten Menschen ängstigen mich
drin, wie wenn ich ein bös Gewissen hätte, da ist es einem
nicht geheuer innerlich und äußerlich, – ich möchte zum
Wilhelm Meister sagen: »Komm, flüchte Dich mit mir jenseits der Alpen zu den Tirolern, dort wollen wir unser
Schwert wetzen und das Lumpenpack von Komödianten
vergessen, und alle Deine Liebsten müssen denn mit ihren
Prätensionen und höheren Gefühlen eine Weile darben;
wenn wir wiederkommen, so wird die Schminke auf ihren
Wangen erbleicht sein; und die flornen Gewande und die feinen Empfindungen werden vor Deinem sonnenverbrannten
Marsantlitz erschaudern. Ja, wenn etwas noch aus Dir wer-

den soll, so mußt Du Deinen Enthusiasmus an den Krieg setzen, glaub mir, die Mignon wär nicht aus dieser schönen
Welt geflüchtet, in der sie ja doch ihr Liebstes zurücklassen
mußte, sie hätte gewiß alle Mühseligkeiten des Kriegs mit
ausgehalten und auf den rauhen Alpen in den Winterhöhlen
übernachtet bei karger Kost, das Freiheitsfeuer hätte auch in
ihrem Busen gezündet und frisches, gesünderes Blut durch
ihre Adern geleitet. – Ach, willst Du diesem Kind zulieb
nicht alle diese Menschen zuhauf verlassen? – Die Melancholie erfaßt Dich, weil keine Welt da ist, in der Du handeln kannst. – Wenn Du Dich nicht fürchtest vor Men-
schenblut: – hier unter den Tirolern kannst Du handeln für
ein Recht, das ebensogut aus reiner Natur entsprungen ist,
wie die Liebe im Herzen der Mignon. – Du bist's, Meister,
der den Keim dieses zarten Lebens erstickt unter all dem Unkraut, was Dich überwächst. Sag, was sind sie alle gegen den
Ernst der Zeit, wo die Wahrheit in ihrer reinen Urgestalt
emporsteigt und dem Verderben, was die Lüge angerichtet
hat, Trotz bietet? –

*Die Verehrung, die Savigny bei seinen Studenten genoß, sta-
chelte den Ehrgeiz Bettines an und gab ihrer Euphorie frische Nahrung. Sie wollte nun selbst pädagogisch wirken und
zur Erziehung der Jugend beitragen. Vorläufig allerdings
hielt sie sich noch im Schatten von Savignys Ruhm auf. Den
Koryphäen der Universität gegenüber, in deren Aura sie geraten war, mußte sie sich selbst noch als Schülerin verstehen.
1810 wurde Savigny nach Berlin berufen. Die Studenten
bereiteten ihrem Lehrer einen Fackelzug zum Abschied. Als
habe das Lob ihr selbst gegolten, berichtet Bettine davon in
einem Brief an Goethe.*

Am Ende März war's wohl, wie ich Dir zum letztenmal von Landshut aus schrieb; ja, ich hab lange geschwiegen, beinah zwei Monate, heute erhielt ich durch *Sailer* von Landshut Deine liebe Zeilen vom 10. Mai, in denen Du mich mit Schmeichelworten ans Herz drückst, nun fällt mir's erst ein, was ich alles nachzuholen habe, denn jeder Weg, jeder Blick in die Natur hängt am Ende mit Dir zusammen. Landshut war mir ein gedeihlicher Aufenthalt, in jeder Hinsicht muß ich's preisen. Heimatlich die Stadt, freundlich die Natur, zutunlich die Menschen und die Sitten harmlos und biegsam; – kurz nach Ostern reisten wir ab, die ganze Universität war in und vor dem Hause versammelt, viele hatten sich zu Wagen und zu Pferde eingefunden, man wollte nicht so von dem herrlichen Freund und Lehrer scheiden, es ward Wein ausgeteilt, unter währendem Vivatrufen zog man zum Tor hinaus, die Reiter begleiteten das Fuhrwerk, auf einem Berg, wo der Frühling eben die Augen auftat, nahmen die Professoren und ernsten Personen einen feierlichen Abschied, die andern fuhren noch eine Station weiter, unterwegs trafen wir alle Viertelstunde noch auf Partien, die dahin vorausgegangen waren, um *Savigny* zum letztenmal zu sehen; ich sah schon eine Weile vorher die Gewitterwolken sich zusammenziehen, im Posthause drehte sich einer um den andern nach dem Fenster, um die Tränen zu verbergen. Ein junger Schwabe, *Nußbaumer*, die personifizierte Volksromanze, war weit vorausgelaufen, um dem Wagen noch einmal zu begegnen, ich werde das nie vergessen, wie er im Feld stand und sein kleines Schnupftüchelchen im Wind wehen ließ und die Tränen ihn hinderten aufzusehen, wie der Wagen an ihm vorbeirollte; die Schwaben hab ich lieb.

Auf dem Weg nach Bukowan, dem Gut der Brentanos in Böhmen, wohin Savigny zunächst mit Frau und Schwägerin zog, verabschiedete sich Bettine mit der ihr üblichen pathetischen Geste von ihren studentischen Freunden; sie gründete den sogenannten »Granatenorden«. Auch davon berichtet sie in »Goethes Briefwechsel mit einem Kinde«.

Wie kann ich Dir nun von diesem Reichtum erzählen, der sich am andern Tag vor uns ausbreitete? – Wo sich der Vorhang allmählich vor Gottes Herrlichkeit teilet und man sich nur verwundert, daß alles so einfach ist in seiner Größe. Nicht einen, aber hundert Berge sieht man von der Wurzel bis zum Haupt ganz frei, von keinem Gegenstand bedeckt, es jauchzt und triumphiert ewig da oben, die Gewitter schweben wie Raubvögel zwischen den Klüften, verdunkeln einen Augenblick mit ihren breiten Fittichen die Sonne, das geht so schnell und doch so ernst, es war auch alles begeistert. In den kühnsten Sprüngen, von den Bergen herab bis zu den Seen, ließ sich der Übermut aus, tausend Gaukeleien wurden ins Steingerüst gerufen, so verlebten wir wie die Priesterschaft der Ceres bei Brot, Milch und Honig ein paar schöne Tage; zu ihrem Andenken wurde zuletzt noch ein Granatschmuck von mir auseinandergebrochen, jeder nahm sich einen Stein und den Namen eines Berges, den man von hier aus sehen konnte, und nennen sich die Ritter vom Granatorden, gestiftet auf dem Watzmann bei Salzburg.

II
Erwachsensein
Den Studenten

Überraschend für fast alle ihre Freunde hat sich Bettine
1811, etwa ein Jahr nach der Ankunft in Berlin, mit Achim
von Arnim verheiratet. Nicht nur sie selbst, auch der Bräu-
tigam hatte sich noch kurz zuvor einem anderen Partner zu-
gewandt. Arnim hatte sich bei einem Aufenthalt in Königs-
berg in Auguste, die Tochter des Kommerzienrates Schwink,
verliebt. In einem seiner ersten Briefe nach der Hochzeit be-
richtet er seiner Frau von der Ankunft dieser Familie in
Straßburg, wo auch er sich gerade aufhielt: »Bis jetzt ist er
⟨einer der Schwinks⟩ noch nicht angekommen mit ihnen
⟨den Schwinks⟩, bleibt er ganz aus oder kommt später hier
an, nachdem ich abgereist bin, so nehme ich es als ein Zei-
chen, daß es mir besser war, Schwincks nicht wiederzusehen.
Ich glaube selbst, es ist besser, nicht als ob ich fürchtete,
meine Liebe zu Dir könne dadurch wieder gefährdet oder ge-
kränkt werden, aber warum sollte ich es mir wünschen, daß
die, welche sonst mit tausend lebendigen Berührungen vor
mir stand und in mir, jetzt in naher Ferne wie ein Gespenst
mich umwandelte, das Herz ist unbillig, ich fürchte, daß ich
ihr allen Gram und alle Torheit zurechnen möchte, die sie
mir erzeugte, und statt uns zu erquicken möchte uns das Zu-
sammentreffen entzweien.«
Ein Verhältnis von nur gespielter Leidenschaft entsteht
noch in Landshut zwischen Bettine und Max Prokop von
Freyberg, einem Studenten Savignys. Wie später, so ist auch
jetzt für Bettine die Liebe mehr eine Chance zur emphati-

schen Stilisierung als ein erotisches Bedürfnis. Jedenfalls
wächst die Heftigkeit ihrer Gefühle erst mit der Entfernung
ihres Freundes von ihr, und mit dem Gefühlsüberschwang
schwingen sich die Idealisierungen des Briefpartners in über-
menschliche Höhen. Im Mai 1810 projiziert sie all ihre Frei-
heitsideen auf den Jüngling, dem freilich die männlichen und
aristokratischen Privilegien, anders als ihr selbst, in den Be-
freiungskriegen die Gelegenheit zur Tat geboten haben.

Kaum bedarf es des Schreibens; ich glaube in diesen abzie-
henden Gedanken (die mich allem entreißen, und allein mit
Ihnen beschäftigen), zu erkennen, daß Wir uns verstehen
und auch ohne Buchstab unsere Gedanken wechseln, mehr
und mehr gehts in mich ein, daß Wir nicht getrennt sind, dies
ist ein herrlich Zeigen, es widerfährt nicht allen Menschen,
ich hab Ehrfurcht vor dem Ereignis, das uns zusammen-
führte und glaub, daß mir niemals etwas herrlicheres zu-
kommen wird, das menschliche Herz ist sonsten so eng, es ist
gleich erfüllt von einem Gegenstand, hat es die Liebe, so mag
es der Freundschaft entbehren, und ist es glücklich so kann
es das Unglück des Mitbürgers nicht herbergen, lebt es dem
Wohl andrer und der Pflicht, so kann es das begehren der
eignen Natur nicht stillen pp –. von Dir glaube ich grade das
Gegenteil, ich glaub, daß alles in gleichem Wuchs empor-
strebt, daß alles in gleichem Maße des Segens teilhaftig wird,
der über dich ausgegossen ist, Du bist glücklich bis in die
Wurzel, von welcher Du ergrünest, frei, ohne Stempel von
Kunst, von Welt und sinnlicher Bildung; in dem seeligen Alter, wo die Ideale in der Brust erwachen, ungestört deinem
eignen Willen überlassen, du brauchst nicht diese göttliche
Blüte dem Vorurteil aufzuopfern, du hast das schöne Ziel
vor Dir, entweder alles, was Du umfassen kannst, diesem
Ideal deiner Seele alles eigen zu machen, oder selbsten ein

66

Opfer seiner Schönheit zu werden, beides gleich herrlich nur
das erste, eine Sinnliche Erscheinung in der Welt das Zweite
ganz allein eine Vergeisterung in Gott, von dem alles schöne
ausgehet. – ich weiß nicht, ob ich mich verständlich mache –
ich kann Dich nicht denken mit irgend einem Band be-
schwert, wovon so manche andre gefesselt sind, ich kann
nicht denken, daß etwas Macht über Dich gewinne, das deiner Freiheit schade, ich glaube, und hoffe, (und Bete), daß
Du im Stand seiest alles zu vertilgen, was deinem Seelenadel
schade, daß Du nie nie Fesslen Tragen mögest, daß deine
Natur zu hoch zu Stolz zu Stark von Gott aus ist, um sich
irgend zu ergeben dem, was Du nicht für Würdig erkennest.

*Der Geliebte wächst zu einem Helden heran, für den die
briefeschreibende Bettine Beschwörungen zum Himmel
schickt, Bitten, die noch etwas von der mystischen Religio-
sität atmen, die sie in Landshut bei Sailer zu erlernen versucht hatte. Ihre Briefe sprechen Gebete über den Freund,
aber keine Liebesworte zu ihm.*

Nochmals muß ichs sagen: Heut ist mirs wohl geworden in
Dir; Groß bist Du, herrlich. Es liegt eine Ewigkeit in dir; wie
sollt ich zweiflen, daß Du ein Held seiest die größte der
Heldentaten ist dir schon gelungen; du hast den Glauben
errungen; du bist aufgewachsen mitten in einem Feld, das
Disteln trägt und Unkraut, und Du einzige Ähre, gibst tau-
sendfältigen Segen. Die Spötter standen um dich her, dich zu
verderben, und dein Wille war mächtiger als ihr Spott; –
    Großer Großer Gott erhalt ihn; sein Weg gehe ewig zu
Dir; laß es ihm werden, daß er Heil über seine Brüder bringe,
er liebt seine Brüder nach deinem Willen, und was er will,
geht von der Liebe aus – die Liebe hat ihm eine Kron aufs
Haupt gesezt, denn er steht vor allen da nach deinem Gebot

zu tun, die Liebe hat ihm weiße Kleider angelegt, denn er ist durch sie bewahret worden vor aller Gemeinheit, und sein Herz atmet Unschuld, die Liebe hat ihm eine Fackel in die Hand gegeben, denn sein Weg ist erhellet durch sie, und was er will ist ihm klar, nicht im Finstern, wie den andern Menschen; die Liebe hat ihm sein Schwert geschärft, und wo er dasselbe führen wird, da wird er es durch deine Gnade Meisterlich führen und dein Gewaltiger Geist wird dem Stahl Feuer geben, wird ihn lenken, daß Segen komme, wie bei der Ernte; die Liebe wird ihm auch noch endlich die Palme des Friedens geben; und das ist, warum ich dich bitte: laß aus der Liebe ihm allen Lohn ersprießen, laß ihn rein im Willen bleiben, daß nicht seine zeitliche Ehre daran teil habe, laß ihn wachsen in der Kraft, laß das Feuer seines Glaubens stets hell leuchten; Herr entzieh dich ihm nicht, Herr halte die Hand über dein Kind! und laß mein Gebet kein Frevel vor Dir sein, sondern alles, in deinem Willen. Amen. – Max bet ich so recht? –

des Menschen Natur zieht nach allen Seiten aus, und dreht sich, bildet sich, daß es anzusehen ist wie eine Große Werkstatt, für den ders Begreift; oft wenn ich denke ich habe mich so ganz Dir hingegeben, in meinem Gedanken; so bewegt sichs wieder so seltsam – daß die Unendlichkeit im Menschen liegt, das ists, warum er sich nicht begreift. wenn ichs zuweilen emfinde, daß es so ist, nämlich unbegreiflich – so ists mir ein wohlthuend Gefühl, wenn ichs emfinde, daß das ganze Firmament in uns ruht, so begreif ich auch, daß Gottes Geist in uns wohnt, wenn ichs fühle, daß die ganze Weltgeschichte durch uns zieht, so weiß ich auch, daß unser Wille sie mit Gott meistern kann; – Gute Nacht! Noch einmal allen Segen über Dich.

Ein Brief an Prokop aus Bukowan vom Juni 1810 deutet
eine Krise in der Beziehung zu Arnim an, die Bettine selbst
zu verwirren scheint und zur Klage über ihre Vereinsamung
veranlaßt. Auch diesmal aber schenkt sie dem Brieffreund
kein liebes Wort, vielmehr ruft sie ihn zur Begeisterung für
die Liebe auf, an der er »wachsen« solle – wozu, bleibt
ungesagt.

Vieles liegt in meiner Brust noch, was all für Dich ist, und
weil so ganz ein reiner Wille dabei ist, so wird auch reine
Wahrheit Drin sein; jezt fühl ich noch mehr wie sonst, daß
Unser Bund ein Geheimnis bleiben muß, es würde uns nimmermehr die Welt verstehen. – Heute ist Arnim hier angekommen. ich hab mich erfreut an seiner Gestalt, an seinem
Angesicht, es strahlt was lichtes freies aus ihm hervor, was er
selbst nicht kennt, was mir aber das liebste an ihm ist, grad
weil ich ihn so lieb habe; aber in meiner Natur entwickelt
sich immer mehr das, was den Menschen nicht angehört,
und trennt mich schneidend, selbst von diesem besten Freund,
oft weiß ich nicht, wohin ich gehöre, alles, was ich will, ist
nicht auf Erden, die Musik begeistert mich vielleicht nur so,
weil sie im Augenblick ihrer Erscheinung sich loswindet und
davon flieht mit den Lüften; ich wünsche mir, es möchte eine
Wolke mich umfassen und mich weiter Treiben im Wind
und Sturm; ich habe keine bestimmte Sehnsucht nach Gott,
aber ich möchte vergehen wie ein Ton vergeht.
    Du Freund! dich hat der Himmel gesegnet mit der Liebe,
es ist die herrlichste aller Gaben, wer recht lieben kann, steht
mit Himmel und Erde in heiligem Bund. wenn es nur durch
Dich wahr wird, was ich von Gott erbitte, wenn nur aller
Glanz von Dir ausgeht, wenn nur alle Tugend sich an Dich
andrängt, du bist recht geboren, ihre Kraft an Tag zu bringen. In mir ist es nicht so wie in andern, wenn die Menschen

mich ganz kennten, sie würden Tief erschüttert werden, über das Gebilde meines Lebens, Ach lieber Freund; Freude, ist nicht allein Glückseligkeit; meine Glückseligkeit ist so Tief unter die Felsen begraben, daß ich noch lange arbeiten muß, bis ich zu ihr gelange; ja mein Herz war voll Ahndung, da ich in die Salsburger Gebürge sah, ich dachte: bist Du deinem eignen Leben so nah, weil du so bewegt bist, weil du begehrst, aufgelöst zu sein in die so schöne Natur, und nur einen Augenblick war mir das Gelobte Land gezeigt, ich durfte nicht drin weilen, durfte nicht mein Herz an die ewigen Felsen andrücken, und wahrlich mein Herz schlägt voller beim Anblick der Berge, als wenn es unter Menschen ist. – O Gott geb Dir seinen Segen, und sonderlich zu Deiner Liebe, diese Liebe möge wachsen bis an den Horizont, wenn deine Liebe nicht mehr ist, so bist Du nichts, Du bist alles Durch diese Liebe, es ist die Gestalt in welcher Gott dir erscheint und zu Dir spricht. Gute Nacht, jezt trete ich wieder ans Fenster, um einen Augenblick für dich zu beten, es ist alles in tiefem Schlaf, ich bin allein ich werde vielleicht sehr Fromm sein können, deine 3 Briefe lese ich alle Tage.

Bei Bettines lebenslanger Neigung, ihr Leben zu poetisieren, muß ihre Ehe mit Achim von Arnim, wenngleich sie über zwanzig Jahre währte, ein Intermezzo genannt werden. In dieser Zeit widmet sie sich ganz der Familie und unterwirft sich dem Ruhm des Gatten. Die Briefe an ihn haben einen Ton, wie ihn Bettine sonst nie wieder wählen sollte. Sie sind die am wenigsten poetischen, also die einzigen Texte, die von ihrem wirklichen Leben berichten. Sie sind sprechende Dokumente des Alltags einer preußischen Adelsfamilie. Bedrängt von der Verwaltung der Güter, kommt Arnim nicht mehr zum Dichten, gejagt von einer Geburt zur anderen, weiß sich Bettine vor Haushaltssorgen kaum zu retten. Von 1812 bis 1827

gebiert sie sieben Kinder, erst vier Buben, dann drei Mäd-
chen, die alle überleben; 1830 fürchtet sie sich vor einer ach-
ten Schwangerschaft.

Lieber Arnim,
Siegmund ist glücklich angekommen, und sehr vergnügt
über alles Erlebte, besonders über die Glashütte. Mit Kühne-
mund geht's besser, aber noch nicht ganz gut, Giesel hat den
Husten bekommen und ist dabei sehr ärgerlich, sodaß ich sie
beinah' den ganzen Tag auf dem Schoß haben muß. Bei mir
steht noch alles beim alten und ich habe meine Verwunderung darüber, denn wenn es auf Vermehrung von Gottes
Segen deutet, so ist gewiß, daß Gott seine besonderen Absichten dabei hat; indessen hat mir Gunda das Herz erleichtert, ihr ist es vor ein paar Jahren grade so gegangen, sie war
drei Monat lang im Wahn guter Hoffnung zu sein und hatte
alle Anzeichen davon und nachher war es nichts, drum wollen wir uns keine Gedanken machen und die Zeit abwarten.

In Erinnerung an die deutsch-romantische Jugendfreund-
schaft des Heidelberger Kreises tragen die Kinder fast alle
germanische Namen: Freimund, Siegmund, Friedmund, Küh-
nemund, Maximiliane, Armgart, Gisela. Der Briefwechsel
zwischen den Gatten ist umfangreich, weil sie wenig zusam-
menlebten. Von 1817 an blieb Arnim fast das ganze Jahr
über auf seinem Gut in Wiepersdorf. Bettine aber lebte die
meiste Zeit wegen der Erziehung ihrer Kinder, wahrschein-
lich aber auch zu ihrer eigenen Unterhaltung, in Berlin. In
den Briefen sind Geld, Krankheit, Schulsorgen, schlechte
Wohnung und Bedienung ständige Themen, auch darin ein
rührendes Zeugnis der Gattenliebe. Die folgenden Briefe
von 1815, 1821, 1827 und 1830 spiegeln die Sorgen jener
Jahre.

Diesmal hab ich Arbeit genug gehabt, und die Zeit ist mir doch schrecklich schwer und lang geworden. Unser armer Friedmund war krank, den ganzen Mund, Lippen und Zahnfleisch voll erbsengroßer gelber Schwämme, er konnte nicht mehr saugen, meistens trank er nur alle 24 Stunden 2mal, und da mußte ich es mit großer Kunst einrichten nämlich wenn er schlief ihm die Milch in den Mund zu spritzen bis er naß genug war, dann fing er an zu saugen, hundert mal gelang es aber nicht, mit Herzklopfen legte ich ihn immer an die Brust, Du kannst Dir denken wie schmerzlich es war, wenn ich ihn auf dem Arm hatte und er fortwährend die Brust fassen wollte, nicht konnte und jammerte; ach Gott, laß mich nicht verzweifeln, hab ich immer gebetet. Am Tag schlief er garnicht, und Nachts mußte ich ihn meistens im Zimmer tragen; am 5ten Tag war es so arg, daß ich in aller Früh nach dem Lorenz schickte; nicht um Medizin, er sollte mir nur sagen, ob es nicht Schwämme wären, dieser war aber auf die Leipziger Messe gereist. Die Frau Stolzenhain sagte: ja, wenn's die Schwämme sind, so braucht man ihm nur ein wenig Safran in den Mund zu blasen und er wird von Stund an gesund, ich frug noch mehrere Bauernweiber, deren Kinder alle die Schwämme gehabt, und die mit einem Federkiel zwei bis drei Mal alle Tage Safran in den Mund geblasen und das ganze Übel gehoben hatten. Nun schlug ich im Zinck nach, da steht: Safran ist gut für Fäulung im Munde; zwei Stunden nachdem ich es das erste Mal getan hatte, konnte er schon eher saugen den andern Tag waren wieder Schwämme gewachsen, ich machte es noch einmal, und von der Zeit an ist er wieder gesund. Ich hab Dir dies expreß alles geschrieben, damit Du es in der Stadt, wo man nichts davon weiß, und wo man die Kinder mit allerhand magenverderbendem Saft quält, erzählen sollst.

Dies ist aber noch nicht alles Malheur; grade den Tag, wo

ich morgens aus Verzweiflung nach dem Arzt geschickt hatte, gab ich das Kind nachmittags der Annlise, um etwas auszuruhen, ich ging mit Freimund ganz hinten in den Garten und machte mein überladenes Herz durch Tränen leicht, nach einer halben Stunde wie ich eben im Begriff war wieder nach Haus zu gehn kommt Rieke gelaufen und ruft: Die Annliese hat den Blutsturz das Blut strömt ihr fortwährend aus dem Munde; wie lange denn schon, sagte ich: »so lange wie Sie weg sind«, ich lief nach Haus in wahrhaftem Schrecken. Die hatte nun das ganze Haus voll Blut gemacht, und nun saß sie da und lief ihr das Blut fortwährend aus dem Mund. Kein Essig war nicht mehr, ich nahm welchen von den Gurken, ließ ihn ihr schlucken, und dann welchen im Munde halten, darauf sammelte sich ein dicker Klumpen geronnenes Blut im Halse, welches ihr noch zwei Tage Stechen verursachte; sie glaubte ihr Leben zu verlieren. Dieser Schrecken, den es mir verursachte, vielleicht mit allem andern Kummer zusammen, trieb mir die Milch zurück; und nun das Kind, wie der anfing zu saugen, wonach ich mich in den 5 Tagen so sehr gesehnt hatte, war nichts da, und dies hat mich so gejammert, so sehr sehr, davon kann sich keiner einen Begriff machen, der nicht Mutter ist von so einem liebenswürdigen geduldigen Engel; Du glaubst nicht, wie unendlich gescheut dies Kind während den Tagen der Krankheit war. Nun kommen die kleinen Unglücksfälle. 1tens hat Stolzenhain den ganzen Backofen voll Pflaumen verbrennen lassen, 2tens haben die Schweine auf Deinem Gurkenbeet eine Mahlzeit gehalten und sind noch mit den Gurken im Maul verjagt worden. Ich ließ hierauf den Stolzenhain kommen und sagte ihm, er solle ein für alle Mal der Frau Amtmann verbieten, die Schweine heraus zu lassen. 3tens hat der Glaser allen Kitt ganz dick (was Du kaum glauben wirst) bloß auf meine Fenster verschmiert und etwas weniges auf Deine, als sie nun wieder eingehenkt wurden, fiel ein Glas heraus, dann hat der Wind auch wieder eins im roten Zimmer herausgejagt. 4tens hat Freimund ein Geschwür auf der Brust bekommen wohl zwei Mal so groß wie Deins, als es in vollem Brand war hat er nicht gegessen, Fieber gehabt, sich zwei Tage um 4 Uhr schon zu Bette gelegt. Wie es aufging kam viel Blut heraus und er blutete zugleich aus der Nase, ich hätte dies für Zufall gehalten, wenn er nicht 2 Tage nachher, wie es wieder aufging, wieder aus der Nase geblutet hätte. 5tens hat Maretschke so schrecklich gekocht, als ob die Teufel aus der Hölle wären zu Gaste geladen gewesen, zwei Mal bekam ich abends Suppen, worin stinkige Eier gewesen waren und einmal eine Biersuppe, da hatte sie das Bier in eine Ölflasche gefüllt, diese war nun ganz teuflisch, ich hielt förmlich die Nase zu und schluckte sie herunter, denn ich war zu müde, um auf eine andere zu warten, dabei habe ich mir den Magen verdorben und kann ich nichts mehr essen, nur noch trinken. ⟨...⟩

All dies beschriebene Elend hat mich so abgezehrt, daß ich ganz krank aussehe, einen Abend war ich einer Ohnmacht so nah, daß ich schon nichts mehr sah und hörte; ich hoffe aber mich bald zu erholen, denn weil Friedmund wieder gesund ist, bin ich so glücklich, daß ich Deine Abwesenheit nicht mehr so sehr empfinde.

Lieber bester Freund, ich hatte einen Brief an Dich angefangen voll Zärtlichkeit und Schmeichelei, aber in der Zeit der Not gab ich ihn dem Kind, welches danach griff zum Spielen. ⟨...⟩

Diesmal war nun keine Zeit, geliebter Einziger, Dir tausendmal zu sagen, daß ich Dich liebe; das Leben mit seinen Sorgen ist über uns zusammengewachsen, und wir dürfen uns nicht mehr bei dem aufhalten, was wir schon wissen, wenn wir durchkommen wollen. Ach ich wollt ich hing an

74

Deinem Hals und dürft nur Dich ansehn bis in Tod. Was aber zuletzt in Deinem Brief steht daraus wird nichts, bis mein liebes Kind abgewöhnt ist. Überhaupt sind dies Dummheiten, die bald garnicht mehr Mode sein werden.

Deine getreue Bettine

Lieber Arnim,
bring Tee mit und den Kindern Kanonen, auch etwas Zwieback. Ich habe über Menschenkräfte zu leiden gehabt, unser Jüngstes hat vor 10 Tagen auf meinem Schoß Krämpfe gehabt, 2 Tage und eine Nacht hatte es fortwährend Zuckungen, nachdem hat Freimund heftiges Fieber bekommen, wobei er das Bett gehütet und dabei einen Ausschlag über den ganzen Leib und Kopf von lauter kleinen Geschwüren. Seit zwei Tagen ist das Fieber vorbei und seit dieser Zeit bin ich kontrakt, ich ging frisch und gesund beim schönsten Wetter heraus, und konnte nicht wieder herein, ich mußte mich beinahe tragen lassen, wahrscheinlich ist mir die Angst, die Sorge und Arbeit, die ich bei den Kindern hatte, auf die Nerven gefallen; ich habe mich gestern ganz mit Wacholderöl eingerieben; dies hat mir gut getan. Dazu kommt noch, daß die Köchin unausstehlich zornig ist, daß mir die Annliese aufgesagt hat, weil die Köchin sie aufgewiegelt hat, die auch wieder fort will, daß die Mamsell, die ich habe, entsetzlich kommod ist und verschlafen, *daß die zwei letzten Tage Kirchweih war*, wo alles zum Tanz lief und mich krank mit dem Freimund, der noch das Zimmer hüten muß, zurückließ. Ich habe mit dem kleinen Kind allein geschlafen und es unter entsetzlichen Schmerzen gewartet, und seitdem ich krank bin und die Leute nicht mehr wecken kann, stehn sie nicht mehr vor 8 Uhr auf. Der Justizrat war auch hier. Lieber Arnim, bei Deinem Andenken hab ich hunderttausend Tränen geweint; obschon ich mir in dieser Zeit oft sagen

75

mußte, daß es gut ist, daß das Leben nicht ewig währt, so fühl ich doch den Anfang eines neuen Lebens, wenn Du wieder da bist. ⟨…⟩ Tausend Adieu, es wird mir zu schwer zu schreiben, die Pferde werden den 30. nach Berlin abgehen. Siegmund ist die ganze Zeit über wohl gewesen. Die beiden anderen sind nun auch wieder gut, und Du hast die Zeit der Angst nicht miterlebt; aber ich bedarf Deiner Pflege im höchsten Grad.

Deine Bettine

Wenn Du unser Kleinstes einmal herzen könntest, es ist so engelsallerliebst und schön, es lächelt vom Arm der Gretchen (gewesene Kindermagd bei den hiesigen Kindern) wie von einem Thron selig jedem entgegen, es ist im Schlaf wie im Wachen bereit zum Spielen und Jauchzen. Ich muß mich oft halb tot über dies Kind freuen. Obschon ich es wider Willen von Dir angenommen habe, so dank ich Dirs heimlich jede Minute, wo mich sein lieblicher, seliger Blick zum Herzen und liebendsten Liebhaben zwingt, ein süßer Goldschatz ist, der zum Küssen zwingt, und die liebste kleine eigensinnige Max, ach ich hab sie gar zu lieb, und im Traum pflege ich sie häufig.

Lieber Arnim,
erstens habe ich viel Wege zu machen, da ich noch keine Leute zu Weihnachten habe, zweitens hat die Köchin vier Tage im Bett gelegen, drittens war das kleine Gieselchen krank, es ist jetzt wieder wohl, viertens war ich selbst krank, fünftens habe ich Dir vor 8 Tagen und zwar gleich nach Empfang Deines Briefes geschrieben, trotz aller Hindernisse, mithin war es nicht die Kälte, die mich abhielt, Dir zu schreiben, weil ich Dir schon geschrieben habe. Freimund kann Dir nun das Nähere von Siegmunds Geschichte sagen. Weih-

nachtsgeschenke habe ich nicht kaufen können, da ich kein Geld habe, und es tut not, daß Du kommst, heut hab ich das letzte Geld ausgegeben. Übermorgen bist Du vier Wochen weg, seitdem habe ich einen halben Haufen Torf und einen halben Haufen Birkenholz gekauft, kömmt im ganzen an 25 Taler. Dann habe ich die Rechnung für den Bedienten mit 15 Taler 25 Gr. bezahlt, und ich will Dir nicht wieder die Rechnung vorkäuen, denn die kleine Giesel will mit aller Gewalt etwas ausgeschnitten haben und ich bin eine geplagte Mutter. Ich danke Gott, daß Du gesund bist und nun hoffentlich bald wieder hier bist. Serviere hat einen reichen Bräutigam für seine Tochter Jette erbeutet, den Sohn des reichen *Kattunfabrikanten* Leitenberger aus Prag, ich weiß nicht, ob Du Dich erinnerst, daß der Alte und sein Bruder gute Freunde von Clemens waren. Adieu, ich muß schließen, ich mag wollen oder nicht. Herzlich

Bettine

Trotz der Anstrengungen sieht Bettine in ihrem kunstlosen, allen Allüren fernen Familiendasein einen Gewinn. Noch nach dreizehn Ehejahren erscheint ihr das Zusammenleben mit Arnim wie eine Erlösung aus der manierierten Romantik, mit der sich offensichtlich ihre angestammte Familie tyrannisierte:

»Lebwohl! Täglich sehe ich mehr ein, daß es gut für mich war, daß mich der Himmel aus dem Familienkreis geführt hat, wo alles in so elenden, nichtsbedeutenden Schnörkeln endigt.«

Ihr Glück über den schönen Achim von Arnim hat alle Begeisterung, die sie früher auf ferne, ja unbekannte Menschen richtete, aufgesogen. Nicht nur in den frühen Ehejahren sind

die Briefe übersät von neidlosen Nachrichten darüber, wie sehr Arnim von allen geliebt, gelobt und bewundert werde. Im September 1821 sieht sie sich in ihrer Verehrung für den Gatten von ihren Geschwistern bestätigt:

Wie stehts aber mit Dir mein liebenswürdiger Freund, wo mir hier von jedem Mund Dein Lob tausendfach widerhallt. Christian behauptet ohne alle Ausnahme, daß Du trotz Deinem Glauben zu den Auserwählten gehörst. George, der diffizile George sagt: Du seist der schönste Mensch, die edelste Natur, der lieblichste Gesellschafter, und er würde sich mit Dir nie messen; er kenne sich zu gut, um nicht zu fühlen, daß Du jedem Weib besser gefallen müßtest. Meline sagt, daß Du der einzig schöne Mann seiest den sie je gesehen, hierüber ist Gunda mit Savigny zu Felde gerückt.

Gunda richtet ihre schwesterliche Eifersucht gegen die Fähigkeit Bettines, den eigenen Ehemann grenzenlos zu bewundern, was in der Tat eine merkwürdige Begabung der sonst so narzißtischen Bettine war: »Die Gundel predigte noch gestern«, schreibt Bettine im Juni 1818, »daß es kein Verdienst sei, seinen Mann anzubeten und zu vergöttern wie ich, aber seines Mannes Fehler zu erkennen und ihn doch zu lieben und zu ertragen, das sei das wahre Verdienst.«
Für die Last, die ihr das Familienleben auferlegte, sah sich Bettine durch die Berliner Geselligkeit entschädigt. In satirischen Beschreibungen läßt sie Arnim an ihr teilnehmen.

Lieber Arnim,
diesmal glaub ich doch, daß mein interessanter Abend den ich mit Schlegel, Schinkel, Rauch, Tieck, Varnhagen pp. bei der Helvig zubrachte, Deine Kindtaufe überwiegt. Schlegel der Dich grüßen läßt, gibt hier Vorlesungen; eine allgemeine

Theorie der Künste, in dem Saal der neuen Singakademie, und wird in 6 Wochen 12 mal lesen. Er hat eine blonde Perücke, höchst rote Wangen, die aber nicht geschminkt zu sein scheinen, trägt einen Brillantring am Finger, von ungeheurer Größe; ich engagierte den General Helvig mit seiner Donnerbüchse im Nebenzimmer danach zu zielen, und er behauptete, ihn sicher zu treffen. Schlegel hat besonders Neigung, mit Schinkel zu sprechen und ihm zu beweisen, daß alles Große aus dem Indischen herrühre. Ich hörte ihm eine Weile zu, wie er mit Gemächlichkeit eine halbe Stunde über gemaltes Haar und Haarputz der Frauen sprach; grade als ob ein alter Rumpelkasten über den Damm fährt, auf dem er Angst hat einzubrechen; ungeheuer selbstgefällig, leer, matt, ich sah deutlich, wie Schinkel elend wurde; ich beteure Dir, Du hättest Dich nicht genug erstaunen können, übrigens war der Abend sehr hübsch, Rauch war besonders freundlich gegen mich, ich saß neben Schlegel, der bis halb eins in der Nacht erzählte und zwar absurdes Zeug und mit höchster Selbstgefälligkeit über Andere sich aufhielt, eine Dose mit einem Spiegel aus seiner Tasche zog, mich fragte, ob die Miniatüre mir nicht gefiele, eine andre Dose hervorholte, die der Goldschmied nach seinem Leib geformt hatte, damit sie in der Westentasche nicht drücke. Ich sagte: ach, was freu ich mich den Rippenkasten eines so bedeutenden Mannes auf seiner inwendigen Seite kennenzulernen! Schlegel verbeugte sich lächelnd und reichte mir seine wohlgenährte Hand mit dem großen Ring mit den Worten: Wollen Sie denn meine Pretiosen nicht eines Blickes würdigen? Ich: »Mir ist alles schätzbar an Ihnen, nur nicht in dem Augenblick, wo ich Sie selbst zu bewundern habe etc.«

Die erlöschende poetische Energie ihres Mannes, der sich in der Arbeit für das Gut verzehrte, macht Bettine nicht glück-

*lich, denn damit geht der Traum vom großen Dichter unter,
von dem sie schwärmte und den sie geheiratet hat. Sie selbst
hatte inzwischen auf alle intellektuelle Koketterie verzichtet,
weil sie glaubte, der Begabung Achim von Arnims dienen
zu sollen. Nach dem Erscheinen der »Kronenwächter« 1817
sammelt sie in ihrer Gesellschaft die lobenden Äußerungen
für Arnim und verbindet mit der Nachricht davon die schon
oft wiederholte Ermahnung, den zweiten Band so schnell
wie möglich zu beenden.*

Die Stägemann hat mir heute morgen Deine *Kronenwächter*
wiedergebracht und mir versichert, daß nie ein Buch sie und
die ganze Gesellschaft, der sie es vorgelesen, mehr interessiert habe wie dies, alle Menschen von ihrer Bekanntschaft,
die dies Buch gelesen, warten mit Ungeduld auf den zweiten
Band. Lieber Alter, ich warte auch mit Ungeduld darauf;
was aber noch merkwürdiger ist, ist daß Schinkel mir letzt
gesagt hat, er sähe sich gezwungen es auch zu lesen, indem
ihm die Leute sagen, daß seine ganze Basis auf der Archi-
tektur beruhe.

*Die Beschwörungen werden dringlicher, je weniger Arnim
auf sie eingeht oder auf sie eingehen kann, weil ihm der Un-
terhalt seiner großen Familie zu viel Kraft abverlangt.*

Ja ich wünsche mir nichts mehr, nächst dem was zum Glück
Deines Lebens gehört, als ein Stück von Dir auf dem Theater zu sehen, damit erstens Deine Ansicht von Dir in diesem
Bezug deutlich werde, und Du über das Auspfeifen hinaus
sein mögest, zweitens so wie jeder, der sich als Mann fühlt,
seine Kräfte benützt, um noch einmal geistig in andern auf-
zuleben und für andere zu leben, so wie er für sich physisch
lebt, daß auch der, der vom Apoll die schönste goldene Leier

bekommen, dieselbe für andere und in die empfänglichen Herzen hineinspiele; das Plectrum ist ein heiliger Zepter, der durch Töne seine Befehle giebt und den Gehorsam und Liebe erzwingt; wer gekrönt ist, dem ist es Pflicht zu herrschen. Daß Du die Leier empfangen, ist ein Zeichen, daß Du durch sie herrschen sollst. Es ist kein Traum, es ist keine Chimäre, das Haus, wo tausende mehr hinwallen werden und mit gespannterem Geist aufmerken werden wie in die Kirche zur Predigt, ist in der edelsten Pracht erbaut, es fordert durch seine Verherrlichung schon zum tieferen, edleren Genuß auf; und Du, dessen Begeisterung sich unwillkürlich zur Darstellung gewendet, regst Dich nicht. Gott bewahr, ich will keine Antwort hierauf. Dies ist so gut, als ob ichs der Wand gesagt hätte; ein jeder hat seine Gedanken, und das Zurechtweisen hilft wenig, das empfinden wir beide an einander, ich sage nur das, was aus mir ruft, wies aus dem Kalbe plärrt und aus dem Vogel piept, jedes wie ihm der Schnabel gewachsen.

Bettine weiß, daß Arnim inzwischen mehr Gutsherr als Dichter ist und daß ihn die Aufgaben des Alltags mehr in Bann ziehen als die Traumwelten der Phantasie. So verlegt sie sich auf Gebete, an die sie nicht glaubt, schickt Bitten um ein leichteres Dasein zum Himmel, damit ihr Mann Zeit fände für seine Poesie. »So oft bete ich in geheimem Nachdenken für Dich, daß doch Gott die Freiheit der Jugend Dir wiedergestatten möge, wo die Lebenssorgen einem höheren Enthusiasmus weichen müssen.« Die sieben Kinder sind das Hindernis seiner Begabung, sie tragen schließlich auch zur Zerstörung aller Träume bei, in denen sich Bettine selbst in ihrer Jugend erging. Im November 1829 gibt sie ihrer Enttäuschung Ausdruck:

Deine sieben Kinder sind Dir Bürge, daß einst der himmlische Nimbus Deinem irdischen Lebenslauf nicht fehlen wird; nur fühle auch recht, was Dein Beruf ist, nämlich Dich in dem Element zu bewegen, was die frühesten Regungen Deiner Seele wieder zur Begeisterung steigert; so warst Du mein, so hab ich Dich leidenschaftlich geliebt, vertausche Dich daher nicht und schwinge Dich auf zu allem, was Dir Genuß gewährt.

1831 starb Arnim plötzlich und mit ihm das Idol, das an Bettines Stelle hätte berühmt werden sollen. Energie und eigener Ehrgeiz wurden ihr dadurch zurückgegeben. Mit solch erstaunlicher Schnelligkeit faßt sie nun den Plan einer selbständigen poetischen Existenz, daß es verwundert, warum sie in der Zeit ihrer Ehe nie darüber geklagt hat, daß ihre persönlichen Fähigkeiten beeinträchtigt seien. Der Tod Achim von Arnims bedeutet die Auferstehung Bettines als Schriftstellerin.

Ihre erneute Hinwendung zum Schreiben und zur Poesie war durch die Jugend und durch die Berliner Umgebung gleichermaßen vorbereitet. Auf der Suche nach Form und Stil griff Bettine allerdings oft den falschen Ton. Nur durch den kritischen Zuspruch von Männern, so ahnte sie, würde sie zu einem literarischen Stil finden können. Offensichtlich fürchtete sie aber, bei diesem literarischen Umgang ihre Weiblichkeit zu verlieren. Sie faßte daher den unglückseligen Entschluß, solche Beziehungen, zumindest vordergründig, emotional zu motivieren. Ihre Bewunderung für die männliche Intelligenz mochte sie daher nie anders denn als Liebe darstellen. Ihre literarische Schreibwut – in welcher Eile vermochte sie nicht die Briefwerke fertigzustellen! – wählte immer den ekstatischen Stil, die emphatische Apostrophe von Männern und Jünglingen, die sie für bedeutend oder entwicklungs-

fähig hielt. Von der Mitwelt, die ihren hitzigen Glauben an die Zukunft so nicht teilen konnte, wurde sie deshalb mit Spott verfolgt: Pückler stellte ihr einmal eine Rangliste von sechs Liebhabern zusammen, die sie gerade unter ihre Auserwählten und die der Welt zähle, Varnhagen darunter als einen von zweiundzwanzig.

Nach Arnims Tod wählt Bettine bis in die vierziger Jahre hinein immer den falschen Ton im Umgang mit ihren männlichen Freunden. Der erste Mann nach Arnims Tod, von dem sie für sich selbst eine literarische Erziehung erwartete und dem sie als Gegengabe ihre Liebe antrug, war Fürst Pückler-Muskau. Sie hatte ihn 1832 im Salon Varnhagens kennengelernt. Pücklers Prominenz gab ihr den Gedanken ein, ihn zur Mitarbeit am Goethebuch zu gewinnen. Er war dem Projekt gewogen, wenngleich er die Gefahren kannte, in die Bettines Eifer stets geriet. Am 25. November 1833 willigt er in ihren Vorschlag ein, »denn es wäre sehr grausam von mir, wenn ich Dich und die Welt um etwas so Schönes, Originelles, ja vielleicht Einziges in seiner Art bringen wollte, als dieses Werk ohnfehlbar werden muß, wenn Du Dich nicht zu sehr darin gehen läßt, und bedenkst, daß kein Kunstwerk durch bloße Phantasie ohne Zwang und Mühe und sehr verständige Sichtung zu Stande kommen kann«.

»Zwang und Mühe« hat sich Bettine auferlegt, sie hat sich auch der »verständigen Sichtung« unterworfen, nur hat sie diese gänzlich mißverstanden. Diese bestand für sie in der euphorischen Übertreibung der Sprache. Tatsächlich hatte sie es ja mit einer neuen literarischen Gattung zu tun, für die es noch keine festgelegten Regeln gab. Ähnlich wie Rahel Varnhagen meinte sie deshalb, Empfindung und Empfindsamkeit seien die eigentliche Auszeichnung des literarischen Briefes. So steigerte sie den Gefühlsdruck, um aus dem schlichten Leben hohe Literatur, aus Einfällen Poesie wer-

*den zu lassen. Euphorie prägt auch den Stil von Bettines
Aufsatz »Schinkels Entwürfe zu den Fresken des Berliner Alten Museums«, den Pückler 1834 in seine »Andeutungen
über Landschaftsgärtnerei« aufnahm – zunächst unter seinem Namen; nachdem Bettine durch ihr Goethebuch bekannt geworden war, gab er die wirkliche Verfasserin dieser
Passagen bekannt.*

*Pückler hatte Grund, Bettines Gefühlsüberschwang zu
fürchten, denn er hatte nicht wenig unter ihrer Aufdringlichkeit zu leiden. Ihre Briefe an ihn sind Grotesken einer
petrarkistischen Schwärmerei und mußten gerade für einen
ironischen, skeptischen Weltmann wie den Fürsten Pückler
schwer zu ertragen sein.*

⟨...⟩ da sitzest Du, die schöne hohe Gestalt eingesunken,
Deiner feierlichen in Seide und Klarnebel gehüllten bezau-
bernden Freundin gegenüber; getrennt von Deiner innigsten
Persönlichkeit, verschweifst köstliche Stunden, die nie wie-
derkehren, und keine Blüten und keine Früchte tragen; verlassen von Deinem höheren *mondverschwisterten* Sinn; o
Du! – ich sage nicht umsonst so! – ja, da sitzest Du, – nun
verlangst Du Butterbrot, streuest mit der Messerspitze Salz
darauf; – gebeugt wie ein Rohr, – auch da schön, – die
Schönheit verläßt Dich nicht; – ich dachte gestern, wie ich
Dich so ansah: welche himmlische Aufgabe es für die Kunst
sein müßte, Dich in gliederlässigem Beugen, Schmiegen und
Sinken abzubilden; ich dacht es, und mein Herz war mit Tränen erfüllt, deren keine ich vergossen habe, denn so bewahrt
werden sie zu Balsam für meine Begeisterung; und sie liegen
heute noch wie unberührte Tautropfen in meiner Brust, und
Dein Wesen spiegelt sich in ihnen; – ja, gestern wie Du das
Salz nahmst mit der Messerspitze, das heilige, zauberauf-
lösende, da dacht ich eines Gebrauchs der Herzoge von

Ägypten, der Zigeunerfürsten nämlich, die nahmen Salz auf die Zungen und berührten einander, um sich ihrer Treue zu versichern; und wenn sie sich den Bund aufsagten, dann nahmen sie das Salz in die flache Hand und warfens in die Luft; und ich war gereizt, ich wollte hingehen an Deine Seite und von dem Salz nehmen, von dem Du genossen hattest, und es in die Luft werfen; aber ich fürchtete mich des Frevels, und was alles Dir und mir dabei untergehen könne, und in demselben Augenblick legte ich mir das Gelübde ab, mein Selbstgefühl möcht es auch für alle Liebe gekränkt werden, zu beherrschen, kein Recht, keine Würde gegen Dich geltend zu machen und mein besseres Wissen ohne Behauptung meiner Persönlichkeit Dir zu opfern, mit dem Beding, schlafender, traumversunkener, verzauberter Fürst, daß es Dir was nütze.

Pückler wollte ihre Emphase dämpfen, lud sie sogar, allerdings während seiner Abwesenheit, nach Muskau ein, wies sie aber, da sie sich in ihrer Begeisterung nicht bändigen ließ, endlich doch zurück. Bettine weiß ihm bei dieser Gelegenheit den Wert, den ihre Briefe für ihn zu bedeuten hätten, in der ihr eigenen narzißtischen Verblendung vorzustellen.

Ich habe Ihren Brief, den ich bei meiner Abreise aus dem verhängnisvollen Park erhielt, aufs Herz gelegt; er hat die Wunde ausgebrannt. Geistig kann ich mich immer bezähmen, auch wenn mir das Herbste zuteil wird; um so mehr wirkt es körperlich; während ich gelassen die bedeutenden Bemerkungen Ihres Briefes überdachte, war mein Blut unruhig, in Vetschau, wo mich Schwindel befiel, kochte es über, ich warfs in nicht geringem Maße aus, vielleicht war es das Blut, was für Sie in meinen Adern gewallt hatte, denn seitdem fühle ich mich erleichtert. In Lübbenau fuhr ich zu Was-

ser durch den Spreewald und studierte in der milden Herbst-
sonne Ihren Brief wie ein fremdes Aktenstück, das den letzten
Aufschluß über einen kritischen Prozeß gibt.

Sie nennen meine an Sie geschriebenen Blätter »*Raserei,
die aus bloßer Gehirnsinnlichkeit hervorgehe, die nur künst-
lich herangeschraubt sei und noch obendrein jeden Augenblick beseitigt oder irgendeinem anderen zugewendet werden könne.*« Ich habe Ihnen nie etwas zuleid getan, was
veranlaßt Sie zu solchen Auslegungen? Warum wollen Sie
mit schauderhaften Ausdrücken eine Geistessituation her-
abwürdigen, aus welcher Ihnen Lust und Ehre, Heil und
Nahrung Ihrer höheren Eigenschaften hervorgegangen wär?
ich meine meine Briefe an Sie; den labyrinthischen Grazien-
tanz jener Empfindungen, der in einer prophetisch poetischen Aufregung häufig den tieferen Wahrheiten vorangeht. –
Ich trage freilich die Schuld, ich habe nicht überlegt, daß Ihre
idealische Natur in Ihnen keinen freien Willen hat.

*Endlich fordert sie ihre Briefe zurück. Pückler reagiert dar-
auf zunächst gar nicht, dann gleichgültig und läßt sie durch
einen Bedienten aushändigen.*

Gestern nachmittag drei Uhr kam Dein Jäger und brachte
das unversiegelte, unadressierte, bloß in ein zu kleines Papier
eingeschlagene und mit losem Band gebundene Paket meiner Briefe; es hatte mir geahndet, daß ich schmerzlich durch
sie berührt werden würde; ich habe drin gelesen diese Nacht,
und tiefe Schmerzen, von denen Du wahrscheinlich keinen
Begriff hast, haben mich ergriffen.

Ich bin geübt, die Waffen gegen mich selbst zu führen, ich
hab diese ganze Nacht hindurch meine Ansprüche an Dich
niedergekämpft. – Und doch, wie staune ich vor dieser Liebe
und bete sie an! – Ach, *Pückler*, welch einen Schatz hast Du

in diesen leichtsinnig verhüllten Blättern, gleich wie ein Baum seine erstorbenen Blätter, mir vor die Füße geworfen! – Und welch ein Dankopfer hast Du Deinem Genius, Deinem guten Dämon dafür gebracht, daß er Dir dies alles durch mich zugewiesen hat. –

Wenn ich den Eindruck, den sie auf mich gemacht haben, nach Deinem Betragen berechne, so sind Dir die Briefe so gleichgültig, wie es Deine Art, sie mir zu senden, bezeichnet; wie es Deine ganz anteillose, gleichgültige, Herz, Sinne und Geist verleugnende Weise, diese Zeit, die ich Dir als Opfer zu Füßen gelegt habe, zu verschleudern, mir bekräftigt; – ich war darauf vorbereitet, ich habe keine Forderungen an Dich. Ich habe die herben Lehren, die Du mir gegeben, alle liebend angenommen, ich bin also jetzt geübter im Entsagen. – Du hast meine Seele in diesen Tagen gegeißelt; und ich habe nicht einmal gezuckt; Du hast meiner lächelnden Miene nicht angesehen, daß ich es fühle.

Die Beziehung zu Pückler bestand zwar fort, da sie jedoch nicht die von Bettine erwünschte Nähe brachte, wandte sie sich der Erziehung junger Männer zu. Die Publikation von »Goethes Briefwechsel mit einem Kinde« hatte viele begeisterte Leser zu Verehrern der Autorin gemacht. Einer unter ihnen war Julius Döring, ein Student der Rechtswissenschaften, der später Assessor des Oberlandesgerichts Magdeburg und Abgeordneter werden sollte. Die neunundvierzigjährige Autorin, die gerade ihr erstes Buch publiziert hatte, verwickelte diese männliche Unschuld in einen feurigen Briefwechsel.

Ich denke gern der Winterzeit wo Du Abschied nahmst, am Abend wo Du gebeten hattest ich soll mich schleierlos Dir zeigen wie ich innerlich zu Dir gesinnt sei. – Du ließest auf

Dich warten, da war ich ungeduldig bis Du kamst und lehnte mich aufs Treppengeländer und sah wie die Gasflamme spielte, mit meinem Hauch der in der kalten Luft sichtbar war, und ich war so kalt und doch fror mich nicht, und mein Herz zitterte so sehr. – Was war es doch? – Was erwartete ich doch mit so viel Ungeduld? – Ich ging zurück ins Zimmer, und als Du kamst, da mußt ich mich zusammennehmen, daß die Sprache mir nicht stockte und konnt es kaum, so tief war ich bewegt durch Dein Verlangen, ich soll mich schleierlos Dir zeigen.

Ich will so gern die Wahrheit Dir heut sagen. Mißdeut sie nicht wenn Du sie nicht verstehst. – So muß der Geist empfinden, der durchs Zauberwort herbeigerufen ist, wie ich an jenem Abend in Deiner Gegenwart empfand. Wie jener, die höhere Macht; so fühlte ich, den Genius über mir, und brannte vor Begierde des Anschauens. Gern hätte ich geschwiegen, gern kein Glied geregt, ich war scheu die Stimme zu erheben, und Deine Hand die in der meinen lag frei zu lassen. Allein ich tat dies alles gegen meine Neigung, und hüllte so mich wieder in den Schein, von dem ich doch so gerne frei mich Dir gezeigt hätte. Frei vom Schein sein, das heißt ganz dem Genius hingegeben sein.

Der Brief ist symptomatisch für den Ton Bettines ihren Verehrern gegenüber. Er genießt die geistig-sinnliche Zweideutigkeit, indem Bettine selbst die Naive spielt, die nicht weiß, was sie sagt. Ihre erotischen Anspielungen nehmen den umgekehrten Weg wie die traditionelle Sprache der Liebe. Diese verhält sich dezent und versteckt körperliche Wünsche hinter unkörperlichen Bildern und Metaphern. Bettine hingegen erhebt die Topoi der körperlichen Liebe zur Metapher einer geistigen Beziehung. Die Nacht, der Schleier, die Nacktheit beziehen sich auf die Wahrheit ihrer Selbstdarstellung, doch bleibt der Leser, und wahrscheinlich sogar der, der in das Verhältnis verwickelt worden war, Julius Döring, stets im ungewissen, ob nicht Bettine schließlich doch als Allegorie der nackten Wahrheit nackt vor dem Partner erscheinen würde. Die langen Briefe, die es braucht, um den so entstandenen Verdacht, ihre Angebote meinten mehr als geistige Entblößungen, wieder von sich abzuwenden, beweisen, wie raffiniert und bewußt mißverständlich sie formuliert waren.

Nein guter Ingurd, ich bin nicht »der Weltumfassende Geist« von dem Du sagst »daß er alles Schöne an sein Herz zieht und es in sich Trinkt als süßen Wein der Begeistrung« – Nein! ich verlange nicht einmal Ein Herz, da ichs nicht zu erfüllen vermöchte. Lange schon hat mich der Geist gelehrt, daß, Lieben und Geliebt zu werden eine Region sei in der zu Schwimmen, ein günstiger Wind die Segel ihm nicht bläht. – Drum auch, verlang ich nicht Beschränkung auf Ein Herz von Dir, wie Du mir schuld gibst, da ich wohl weiß daß Ich, Dir *nicht* die »vollste Liebe dafür gewähre«. – Was Ich Dir gewähre ist edle Gastfreiheit, in der ich mir selber genüge Ruhe, im Port meiner Eigentümlichkeit, so lange sie Dir zusagt, reinen unverfälschten Sinn der ewig neu die Wahrheit faßt aus eigner Lebenskraft, nicht durch andrer, und was ich möglich machen kann Dir mitzuteilen frei von Schlacken, edles Metall, ich gebs, weil Dus begehrst, nicht weil ich liebe, Nein, weil Dein Vertrauen zu mir die Stimme Gottes ist, der ich antworte. Den Wahn gib auf, als woll ich alles Schöne ans Herz ziehen Begeistrung draus zu schöpfen, dies wär der Brunnen der Danaiden, aus dem zu schöpfen bin ich nicht verdammt. Was ich bis jetzt Andern gewährte es waren Bürden die im Gleichgewicht, schwebend zu tragen mein Genius mich anreizt, und daß es mich nicht niederbeuge alles was im Leben Ansprüche an mich macht, auf seine Macht mich verlassend, zu befriedigen das ist die Aufgabe die mein Genius mir zu lösen giebt. Es könnt wohl sein daß ich nicht immer frei von selbstsüchtiger Liebe zu Werke ging, und, Natürlich, Wem man ins Leben einzugreifen ihn anzuhauchen mit Geistesatem, bestimmt war, seis auch wie zufällig, da ist es leicht daß Liebe sich der Pflege herrschend anmaßt, aber, *Ich* mein Freund bin bald zurechtgewiesen, und dieses Liebenwollen, wird mir leicht wie Frühlingsduft vor den Lippen weggeweht, noch eh sie sich öffneten ihn einzuatmen. – Werfs mir nicht vor, glaubs nicht daß ich geliebt sein wolle, denn wollt ich auch, so will der höhere Wille ich soll den Trunk absetzen von der Lippe ohne sie zu netzen. – Also! sie trinkt nicht »den süßen Wein der Begeistrung in sich« Deine Freundin, und harrt auf keine Liebe und nimmt keine Herzen in Beschlag, Nein, sie unterwirft sich dem was Andre ihr zumuten. Das ists was meine Beziehung zu den Menschen bildet, und nichts anders. – Aber Herzen in denen ich Wurzel schlagen möchte so wie Du es möchtest!, – das sollte mir fehlen!! – ich hab genug zu tun, daß mein Gewissen rein sei, vor den Mondstrahlen die in der Einsamkeit mich anleuchten, daß mein Geist sich sammle wenn die Sonne mir auf den Kopf brennt, und daß ich Seufzerfrei meine Gefühle dem vorüberjagenden Wind auf die Schwingen lade. und wenn ich dem allem genügen soll was ein inneres Werden und Wirken von mir verlangt, so bin ich müde wie der Lastträger am Abend, und muß das Schäferstündchen aufgeben, auch wenn ich in Träumen das süßeste davon wähnen dürfte. – Du verstehst mich wohl mein lieber Freund *Träume!* gebrochne Strahlen des Sonnengotts! ich verlange sie nicht verwircklicht.

Die Jünglinge konnten nicht ahnen, daß die Bettine, die wirklich liebte, so schüchtern war wie jede Frau, denn sie konnten ihren Briefwechsel mit Arnim nicht kennen, wo sie die Briefe an den Gatten, wie etwa am 29. April 1818, so beendete: »Was könnte ich Dir nicht alles sagen, wenn ich nicht eine Art Scheu hätte, Zärtlichkeiten auf's Papier zu setzen.« Sie hätten vielleicht dennoch den »Liebesfeldzug« (Vordtriede), den Bettine auf sie eröffnete, über sich ergehen lassen können, hätten sie nur »Goethes Briefwechsel mit einem Kinde« genauer gelesen. Dort entwirft Bettine eine Theorie der körperlichen Liebe zum Genius und macht sich zur Priesterin einer orphischen Gemeinde, die das Bild jenes Geistes verwaltet, der unter den Menschen weilt, um sie die Rückkehr in die Welt der Ideen zu lehren. Wer aber möchte sich in solchen Höhen angesiedelt sehen? – nicht einmal Goethe, an den sich das Schreiben richtete!

Die Gabe des Eros ist die einzige genialische Berührung, die den Genius weckt; aber die andern, die den Genius in sich entbehren, nennen sie Wahnsinn. Die Begabten aber entschwingen sich mit dem fern hintreffenden Pfeil dem Bogen des Gottes, und ihre Lust und ihre Liebe hat ihr Ziel erreicht, wenn sie mit solchem göttlichen Pfeil zu den Füßen des Geliebten niedersinkt. – Es halte einen solchen Pfeil heilig und bewahre ihn im Busen als ein Kleinod, wer zu seinen Füßen ihn findet, denn er ist ein Doppelgeschenk des Eros, da ein Leben, im Schwung solchen Pfeiles, ihm geweihet verglüht. Und nun sage ich auch Dir: achte mich als ein solches Geschenk, das Deiner Schönheit ein Gott geweihet habe, denn mein Leben ist für Dich einem höheren versöhnt, dem irdischen verglüht; und was ich Dir in diesem Leben noch sage, ist nur das Zeugnis, was der zu Deinen Füßen erstreckte Pfeil Dir gibt.

Was im Paradiese erquickender, der Himmelsbeseligung entsprechender sei: Ob Freunde wieder finden und umgebende Fülle seliger Geister, oder allein die Ruhe genießen, in welcher der Geist sich sammelt, in stiller Betrachtung schwebend über dem, was Liebe in ihm erzeugt habe, das ist mir keine Frage; denn ich eile unzerstreut an den einsamsten Ort, und dort das Antlitz in die betenden Hände verbergend, küsse ich die Erscheinung dessen, was mein Herz bewegt.

Ein König wandelte durch die Reihen des Volkes, und wie Ebbe und Flut es erheischen, so trug die Woge der Gemeinheit ihn höher, aber ein Kind, vom Strahl seiner Augen entzündet, ergriff den Saum seines Gewandes und begleitete ihn bis zu den Stufen des Thrones, dort aber drängte das berauschte Volk den unschuldigen, ungenannten, unberatnen Knaben zurück hinter der Philister aufgepflanzte Fahnenreihe. – Jetzt harret er auf die einsame Stätte des Grabes, da wird er die Mauern um den Opferaltar hochbauen, daß kein Wind die Flamme verlösche, während sie, der Asche des Geliebten zu Ehren, die dargebrachten Blumen in Asche verwandelt. Aber Natur! Bist du es, die den Aufgelösten verbirgt? – Nein! nein! Denn die Töne, die der Leier entschweben, sind dem Lichte erzeugt und der Erde entnommen, und wie das Lied, entschwebt auch der geliebte Geist in die Freiheit höherer Regionen, und je unermeßlicher die Höhe, je endloser die Tiefe dessen, der liebend zurückbleibt, wenn nicht der befreite Geist ihn erkennt, ihn berührt, ihn weiht im Entfliehen.

Und so mir, o *Goethe*, wird die Verzweiflung den Busen durchschneiden, wenn, am einsamsten Orte verweilend, ich dem Genuß Deiner Betrachtung mich weihe, und die Natur um mich her wird ein Kerker, der mich allein umschließt, wenn Du ihm entschwebt bist, ohne daß Dein Geist, der Inhalt meiner Liebe mich berührt habe. O tue dem nicht also, sei nicht meiner Begeistrung früher erstorben, lasse das Geheimnis der Liebe noch einmal zwischen uns erblühen; ein ewiger Trieb ist außer den Grenzen der irdischen Zeit, und so ist meine Empfindung zu Dir ein Urquell der Jugend, der da erbrauset in seiner Kraft und sich fortreißt mit erneuten Lebensgluten bis an das Ende.

Den Verstoß gegen die Konvention treibt Bettine bis zur literarischen Geschmacklosigkeit. Sie ist stolz auf diesen Stil, den sie wie ein Eigentum eifersüchtig hütet. Sobald einer, wie ein Freund Adolf Stahrs, ihr selbst mit schwülstiger Verehrung entgegentritt, hat sie für ihn nur Hohn und Spott. Im Februar 1840 weist sie in einem Brief an Stahr das falsche Pathos seines Freundes zurück.

Die Stelle aus dem Briefe Ihres vortrefflichen Freundes verneine ich gänzlich, er ahnet eine Trauer in mir »nicht um irdischer Verluste, sondern in und um mich selber – *darum*, weil die Seele im eignen Selbstvernehmen nicht mehr wie einst den vollen Frieden finde«. – Ich mußte drüber lachen, weil das alles auf mich paßt *wie die Faust aufs Auge.* – Ich wähle expreß diesen trivialen Ausdruck, denn er hat den Vorzug, daß er in mehr als einem Sinn auf mich paßt. Wenn ich Ihnen sage, ich bin trivial, so nehmen Sie dies nicht in einem gemeinen Sinn, aber suchen Sie es mit dem, was Sie von mir Gutes glauben, zu vereinen, so werden Sie mich besser verstehen als durch das Voraussetzen hoher Eigenschaften und geistiger Bedürfnisse, von deren Befriedigung mein Glück abhängt. Vergleichen Sie mich mit einem Sperling, der einen lauen Tag als Frühling begrüßt, ohne sich zu grämen, daß am andern wieder Schnee fällt, so unterzeichne ich mit Vergnügen. Das haben mir die verdammten Briefe getan, daß die Leute mich für erhaben halten oder für eine strebende

Natur. Ich kann wohl strebend sein, aber in dem sinnlichen Sinn meines Geistes, nicht im reflektierenden. – Z. B. ich freu mich unendlich darauf, in Berlin mit einem Griffel auf eine große Schiefertafel zu zeichnen, was ich jetzt schon längere Zeit gänzlich entbehren mußte, was ich allein mit vollem Genuß meines Geistes tue, was mich zwar von allem, was ich vornehme, am meisten anstrengt, aber auch mich am leidenschaftlichsten einnimmt. – Und alles andre, was ich vornehme, ist mir nur Zwischenarbeit, wobei ich nicht weilen mag, aber jenes ist mir eine heimatliche Existenz. – Dies nenne ich die sinnliche Natur meines Geistes. – Wenn also Ihr Freund schreibt »der Geist, mächtig über seine Naturbestimmtheit kann in den Kampf der Vermittelung eingehen wollen«, so ist das eben die Faust auf meinem Auge. – Und wenn er sagt, »ein solches Bedürfnis scheint der Brief der *Fr. von Arnim* durchweg zu atmen«, so lach ich ihn aus, weil dumme Menschen oft über etwas Ernstes, was sie nicht verstehen, lachen, und weil ich dumm bin. – Und wenn er ferner sagt, »es drücke sich in meinem Brief eine gewisse zögernde und widerwillige Angst vor der Menschenweisheit aus«, so muß ich ihn wieder auslachen, denn wo hätte ich mich je vor etwas gefürchtet, als bloß vor meinem eigenen Schatten, und das bloß vor innerem Grauelplaisir, und mein Schatten hat nichts gemein mit »Menschenwitz und Menschensinn«. Ich bin mit dieser Weisheit noch nie in Kampf geraten, mag sie sein, wie und was sie will, die Ehre werd ich ihr nicht abschneiden, als ob sie vor mir nichts gelte, aber Furcht hab ich deswegen nicht vor ihr wie ein Blinder, auch nicht vor einem Wolf, der des Wegs kommt, denn bekanntlich fällt der Wolf kein lebend Wesen an, was nicht die Flucht ergreift oder sich zur Wehr setzt. – Wenn also jene zu fürchtende Lebensweisheit wie ein »Nachtfrost zu fürchten ist für die zarten Blüten des Erhabnen und Schönen«, so bin ich eine Distel, der es eins ist, wie der Wind sie dreht, und deren Bestimmung es ist, daß die Esel sie fressen, worüber ich Distel mich gar nicht gräme, wenn ich nur mit meinem Stachelbärtchen ihren Gaumen kitzle.

Warum, so fragt sich der Leser der Briefwerke, gebraucht Bettine im Umgang mit ihren Partnern statt der dauernden überschwenglichen Rede von der Liebe nicht jenen Begriff, der in ihrer Jugend leidenschaftlich genug besetzt gewesen war: Freundschaft? Warum muß sie statt einer Situation, deren platonischer Charakter von vornherein erklärt gewesen wäre, die schwüle Indezenz der einseitigen Liebesschwüre wählen? – Der Anspruch auf Freundschaft wäre in jener Zeit bei einer alleinstehenden Frau ein viel provozierenderer Anspruch einem Mann gegenüber gewesen als der auf Liebe. Mit ihr eröffnete sie ihre Beziehung im Bereich der Konvention, sie schoß nur durch die Intensität, mit der sie die Sitte wörtlich nahm, gleich wieder über sie hinaus. Zum Sym-Philosophieren nicht zugelassen, entschied sie sich für das Sym-Pathisieren, das sie aber dann doch allein und oft zu ihrer eigenen Kompromittierung zelebrieren mußte.

Rügen haben schon die junge Bettine nicht schrecken können, und Spott hat sie stets als Auszeichnung verstanden. Sie liebte es, sich an den Pranger zu stellen. Ein Moment von Exhibitionismus hat jede Schriftstellerei, die ihre aber lebt ganz und gar davon. Sich zu »entschleiern«, wie sie es im Brief an Döring verspricht oder androht, ist der Impetus all ihrer literarischen Veröffentlichungen. Sie wartet nicht erst – wie Rahel Levin – auf einen Mann, der ihr hilft, sich auszustellen, sie besorgt das selbst. Gerade nachdem sie das Schicksal von der konventionellen Bindung an einen Mann befreit hatte, ist Öffentlichkeit ihr einziges Bestreben.

Nach dem Erfolg des Briefwechsels mit Goethe sucht sie

*daher nach einem vergleichbar wichtigen Medium ihrer Selbst-
darstellung. Zunächst stellt sie sich hinter Arnim, dessen
Werke sie herausgibt. Zu diesem Zweck bindet sie eine An-
zahl junger Männer an sich, die bei der Ausgabe helfen sollen. Jünglinge sind vor allem aber auch die geeigneten Briefpartner, denn sie sind der inzwischen berühmt gewordenen
Autorin gegenüber mut- und machtlos. Keinen Brief, den sie
in den vierziger Jahren an sie schreibt, an den einundzwan-
zigjährigen Döring, den zweiundzwanzigjährigen Nathusius, an die ebenso alten Moriz Carriere und an Oppenheim,
der nicht zur Publikation bestimmt gewesen wäre! »Es ist
die Zeit, daß die Jünglinge mit Lust auf meinem Geist auf-
blühen, denn ich bin ein Baum, der trägt Jünglingsblüten«,
verkündet sie messianisch. Die Briefe an Julius Döring sollten zusammen mit denen an Nathusius als »Briefe an zwei
Demagogen« veröffentlicht werden, doch erscheint erst
1848 der Briefwechsel »Ilius Pamphilius und die Ambrosia«, der nur die Briefe an Nathusius enthielt.*

*In diesem Briefwechsel siegt der pädagogische Eros über
alle Irrtümer der Liebe und sinnlichen Eitelkeit. Bettine versteht sich als Seherin, die ihren Adepten durch Begeisterung
zu einem höheren Dasein inspiriert.*

Und was ich Dir sagen wollte? – ich möchte Dir etwas be-
greiflich machen, wenn ich's könnte; und doch glaub ich, Du
könntest es fassen, weil es mir nur grade bei Dir deutlich geworden ist; also muß Deine Natur es sein, die die Anlage
dazu hat, aber wie soll ich Dir's deutlich machen? – Wärst
Du da! Die Menschen sind alle einfältig – aber nicht im
Geist, sonst wären sie alles, – sie sind nur einmal ihr eignes
Schild, aber der Geist, der gewaltige, der ist nicht in ihnen,
der aus diesem Schild soll erraten werden. – Also es ist nichts
hinter ihnen. – Du aber, *Pamphil*, indem es mir manchmal

scheint, als wenn im Nichts alles sein könne, von Dir verlangt mein Geist nicht, Du sollst Dich auszeichnen, Du sollst was sein; – o nein! – fühlst Du nicht, daß etwas sein den heiligen Geist verzehrt? – daß der heilige Geist aber das Sein verzehren soll? – Drum denke nur nicht, etwas sein zu wollen. – O *Pamphil*, sei großmütig gegen Dich träumendes Wiegenkind, überlasse Dir die Schätze der Reichskrone zum Spielen, wirf sie dem Kind in die Wiege, sei das erste Geschöpf Gottes, lasse es geschehen, daß die ganze Natur mit Dir schlafe aus süßer Demut, sie wiegt Dich – die Natur, und alle Blumen, alle Ähren, alle Wipfel wiegen mit; und weil süße Harmonie unter Euch ist, so sind alle Akkordengänge, alle Melodienläufe ein einziger Geist – der von den Wassern in Deiner Brust aufsteigt, die ganze Natur anschaut mit seinen feuerzündenden Augen zur Harmonie, die der aus allen einzelnen Leben organisierte Geist ist, und dann senkt er sich wieder unter die Wellen Deiner Brust; und Du schläfst fort, Du mit dem Ozean im Busen, aus dem der Lebensgeist stieg, der den Geist der Harmonie erzeugte zwischen Dir, schlafender *Gedankenball* (wie der schlafende Erdball), und der Natur, die wieder der Geist der Harmonie ist, die sich aus jenem schlafenden Erdball erzeugte durch das entzündende Aug Gottes, die Sonne. Du meinst, *Pamphil*, weil Du Gedanken hast, so wärst Du frei, – ich dachte auch einmal so, – aber das Gegenteil brauch ich Dir wohl nicht zu beweisen. Du siehst, Du fühlst jede Empfindung Deines Geistes als jenen Gott, der Dich erzeugt, und daß Du nur lebst, weil Du ihn atmest, und weil der Tod das Opfer ist, das aus einem Element ins andre wandelt, so fühlst Du, daß Du diesem Geist stirbst, um in ihm zu leben. Das heißt, Du bist des Geistes Sklave und stirbst ihm, um Deine Abgesondertheit von ihm hierdurch aufzuheben. Denn ihm sterben heißt in ihm wieder aufleben, denn wo wolltest Du sonst hin? –

Ja, dies ist ein wenig von dem gefabelt, was ich Dir als Eingebung einstrahlen möchte, weil ich alles möchte in Dir auferstehen heißen, mein Freund, da Du im Schlaf an mich gewiesen bist, daß ich Deine Träume soll erscheinen lassen, weil Du unter Tausenden so tief schläfst, um den Geist Gottes zu schauen, – einmal nur, *Pamphil*, und ich hab meine Aufgabe gelöst.

Ausdrücklich versteht sie, wenn sie von »Goethes Brief-wechsel mit einem Kinde« an Ilius Pamphilius schreibt, die Belehrung der Jugend als ihre Aufgabe: »das habe ich auch mit dem Titel gewollt: listig das Jünglingsalter locken, ein rascheres Tempo dem Hymnus der Jugend in ihren Herzen wecken und so die Frühlinglüfte mit süßen Seufzern befrach-ten, und es ist mir gelungen, Sie schreiben mir's.«

Mit dem Ideal, die Jugend zu begeistern, kehrt Bettine zu einer Lieblingsvorstellung ihrer eigenen Jugend zurück, zur Bewunderung, die sie einst für Savigny als akademischen Lehrer in Landshut hegte. Im Briefwechsel mit der Günder-rode entwirft sie das Bild eines Lehrers, wie er sein soll, da-mit er die Bewunderung der Schüler auf sich ziehe.

Wenn ich zu *Savigny* hinunterkomm, da bin ich immer ganz ausgelassen lustig vor heimlicher Freud, daß ich so einen lie-benswürdigen Meister hab, dem ich so von Herzen zugetan bin, ich würde für ihn durchs Feuer laufen – für Dich auch – ich hab immer die Studenten drum beneidet, wenn ich mir dacht, daß sie so ein Verhältnis zu ihrem Professor haben, daß sie so stolz drauf sind, seine Schüler zu sein, und ihm die Stange zu halten; damit mein ich, daß sie sich ihm widmen mit ihrem ganzen jugendlichen Enthusiasmus. – Es ist nichts Schöneres in der ganzen Welt als dies. Wär ich ein weiser Meister; wenn mir die Studenten aus vollem Herzen ein freudig Lebehoch brächten, wenn sie im Fackelzug anmarschiert kämen, ja, das wär mir am liebsten von allen Ehrenkränzen. – Der *Ephraim* hat so einen Charakter, der imponieren und die Schüler anziehen muß, wenn *der* Philosoph wär, was er doch eigentlich ist, so müßten die Schüler mit Leidenschaft an ihm hängen, – er sagt, meine Schüler lieben mich auch, aber die Vorurteile liegen wie unersteigliche Berge zwischen uns. – *Savignys* fragen als: »Nun, war dein alter Mathematikus bei dir, hast du wieder Judenweisheit studiert? – Bist du heut wieder klüger wie die andre Menschheit, hat dich dein Jud eingeweiht?« – Ich sag ja und lach mit und freu mich, daß ich allein alles weiß von ihm – ich will Dir was sagen, ich hab ihm die Manen vorgelesen und ihn gefragt darüber manches, er hat mit Bleistift drunter geschrieben: »Du solltest Geister rufen und sie sollten deinem Ruf nicht folgen? – das glaub nimmer.«

»Den Studenten« ist ihr 1840 erschienenes Buch »Die Günderode« gewidmet. Bettine reagiert mit dieser Zueignung auf die Vorwürfe der liberalen Studenten ihres Salons, die sich darüber verwundert hatten, daß »Goethes Briefwechsel mit einem Kinde« dem Fürsten Pückler dediziert sei. Mit Caroline von Günderrode, der Jugendfreundin, die, mehr Jünglingin als Mädchen, weniger an ihrer Liebe zu Creuzer als am Anspruch, zu denken und zu sein wie ein Mann, gescheitert ist, stellte Bettine der männlichen Jugend des Vormärz ein romantisches Lebensbild vor Augen. Ein Freiheitsdrang, der, anders als im Verständnis der vierziger Jahre, nichts von einem politischen Ziel weiß, freundschaftliche Schwärmerei und Todesmelancholie charakterisieren dies Porträt. Bettine schildert eine Freundschaft nach dem Vorbild, das Achim von Arnim und Clemens Brentano gegeben hatten. Freilich sind, da es sich um Frauen handelt, die Figu-

ren seßhaft, sie verschafft sich im schwärmerischen Über-
schwang der Phantasie die nötige Bewegtheit. Die Sehnsucht
nach einer Freundschaft, die mit Männern untersagt war, er-
füllt sich nun, im historischen Rückblick auf den Anfang des
Jahrhunderts, mit der Stiftsdame.

Die Gespräche der Freundinnen drehen sich vor allem um
philosophische Themen, das romantische Konzept des Sym-
Philosophierens wird zur Mädchenangelegenheit. Bettine er-
hebt die Günderrode zum Plato, spielt selbst den Dion, macht
manchmal auch den Sokrates. Die Anspielungen freilich auf
das antike Symposion sind ohne Anspruch auf Richtigkeit.

Weißt Du was, Du bist der *Platon*, und Du bist dort auf die
Burg verbannt, und ich bin Dein liebster Freund und Schüler
Dion, wir lieben uns zärtlich und lassen das Leben fürein-
ander, wenn's gilt, und wenn's doch nur wollt gelten, denn
ich möcht nichts lieber, als mein Leben für Dich einsetzen.
Es ist ein Glück – ein unermeßliches, zu großen heroischen
Taten aufgefordert zu sein. Für meinen *Platon*, den großen
Lehrer der Welt, den himmlischen Jünglingsgeist mit breiter
Stirn und Brust, mit meinem Leben einstehen! Ja, so will ich
Dich nennen künftig, *Platon!* – Und einen Schmeichelnamen
will ich Dir geben, Schwan will ich Dich rufen, wie Dich der
Sokrates genannt hat, und Du ruf mir *Dion*.

Es wächst hier viel Schierling in dem feuchten Moor-
grund, ich fürchte es aber nicht, obschon's Gift ist; es ist mir
ein geheiligt Kraut, ich breche es ab im Vorübergehn und
berühre es mit meinen Lippen, weil der *Sokrates* den Schier-
lingsbecher getrunken. Lieber *Platon*, es ist meine Reliquie,
die mich von bösen Schwächen heilen soll, daß ich vor dem
Tod nicht verzagen muß, wenn es gilt. – Gute Nacht, mein
Schwan, gehe dort schlafen auf dem Altar des Eros.

Lieb *Günderödchen*, über allen Wechsel und Zerstreuung von heute hinweg klingen noch immer die Worte der Predigt in mich hinein, als wär heut ein feierlicher Tag gewesen. – Es ist ja wahr, Du und ich sind bis jetzt noch die zwei einzigen, die miteinander denken, wir haben noch keinen dritten gefunden, der mit uns denken wollt; oder dem wir vertraut hätten, was wir denken, Du nicht und ich nicht; niemand weiß, was wir miteinander vorhaben, und wir lassen jetzt schon ein ganzes Jahr die Leute sich wundern, warum ich doch alle Tag ins Stift lauf. – Aber den Geistlichen, – wär's in Frankfurt gewesen, den hätt ich angeredet, daß er mit mir zu Dir gegangen wär. – Der hat gewiß keinen Freund – sein Geist wird sein Freund sein müssen, der wird ihm antworten. Ich denk, ob einer mit seinem eignen Geist reden kann? – Der Dämon des *Sokrates*, wo ist der geblieben? – Ich glaub, jeder Mensch könnte einen Dämon haben, der mit ihm sprechen würde, aber worauf der Dämon antworten kann, das muß unverletztes Forschen nach Wahrheit sein; da mein ich mit, es darf sich kein andrer Wille dreinmischen als bloß die Begierde zur Antwort. – Frage ist Liebe und Antwort Gegenliebe. Wo die Frage bloß Liebe zum Dämon ist, da antwortet er, der Lieb kann Geist nicht widerstehen, wie ich nicht und Du nicht. Solang ich vom *Sokrates* weiß, geh ich dem Gedanken nach, wie er einen Dämon zu haben; er hatte wohl ein inneres Heiligtum, ein Asyl, wo der Dämon zu ihm kommen mochte, ich hab in mir gesucht nach dieser Türe zum Alleinsein, wo ich diesem Wahrheitsgeist ins Gesicht sehen könnt, flehend um Lieb. Aber Du hast recht, ein mutwilliger Wind jagt meine Gedanken wie Spreu auseinander, ich werd fortgerissen von einem zum andern von meiner Zerstreutheit, dann ist's so nüchtern in mir und so beschämend öde, wenn ich mich sammeln will, wie soll da der Geist sich einfinden ⟨…⟩ Heut sind die Früchte angekommen und die Blumen all noch frisch, Dein Brief duftet mit dem Heliotrop und gelben Jasmin in meiner Brust, wo ich ihn hingesteckt hab. – Was Du mir sagst, scheint mir auch vom Dämon durch Dich gemeldet, Du kleidest seine Weisheit in Balsam hauchende Redeblüten – ich soll und muß Dir rechtgeben, nicht wahr? – Meinst Du, es wird den Dämon verdrießen, wenn ich ihm nicht nachgebe mit der Eifersucht? – Und daß meine Leidenschaft in so stolzen Flammen aufsprüht und will ihn gefangen nehmen, wo er sich verborgen hat in Dir? – Eifersucht fährt heraus aus dem Geist der Liebe, als wär's der Dämon selber, sie ist eine starke bewegende Kraft, ich weiß, was ich ihr zu danken hab; – ja, vielleicht ist sie eine Gestalt, in die sich der Dämon kleidet; wenn ich eifersüchtig bin, ist mir's immer göttlich zumut, alles muß ich verachten, alles seh ich unter mir, weil es so hell in mir leuchtet, und nichts scheint mir unerreichbar, ich fliege, wo andre mühselig kriechen; und während mir's im Herzen ängstlich pocht, da rauscht's im Geist so übermütig, ich biete Trotz, so arg Trotz, daß ich ohnmächtig werden muß, aber mein Mut sinkt nicht, der ist noch stärker, wenn ich mich erhole, nach was verlang ich denn? – Was will ich mir erzwingen? – Ja, es ist gewiß der Dämon, den ich wittere; als ich Dir in die Hand biß und an zu weinen fing, so war es doch der Dämon, der mich neckte, nicht Deine Geheimnisse, die Du mit andern hast, die mich nichts angehen, ich weiß, daß die nicht zwischen uns treten, und Du, wo willst Du hin? – Ich und Du, uns berührt nichts in unserer Eigentümlichkeit miteinander. Aber es schlägt Feuer aus mir, daß ich ihn fassen will und will mich an ihn klammern, denn er war gewiß oft zwischen uns beiden, meine Ahnung war nicht falsch, und ich wollt ihn gern an mich reißen, als ich von Dir ging, drum biß ich Dich und schrie. – Ja, es ist Eifersucht – wie soll ich aber nicht eifersüchtig sein, es ist ja die einzige Möglichkeit meines Gefühls, schmeichlen kann ich ihm nicht, ihm vertrauen, wie kann ich das, ich weiß ja nicht, ob er mir lauscht. Aber daß meine Eifersucht rege wird, wo ich ihn ahne, daß ich da mächtig mit den Flügeln schlage um ihn, der mich selber dazu reizt, das ist die Stimme der Wahrheit heißer Liebe. Ja! ja! ja!

Die Eifersucht auf den Dämon, der die Günderrode inspiriert und heimsucht und die Freundin verdrängt, zeigt, wie gern Bettine die Muse spielt. Sie kritisiert aber auch die empfindsamen Klischees der schwärmerischen Freundin und setzt ihr eine Art romantischen Realismus entgegen, der die individuelle Besonderheit gegen die idealische Allgemeinheit verteidigt. Im Ton des sehr irdischen Wildfangs verspottet Bettine den verblasenen Höhenflug Carolines. Ihr hartes Urteil über deren Aufsatz »Ein apokalyptisches Fragment« straft den Verdacht Lügen, sie selbst sei eine Schwärmerin gewesen.

Den philosophischen Aufsatz, wie Du ihn zu nennen beliebst, schenk ich Dir, ich nenne ihn einen steifstelligen, verschnippelten, buchsbaumernen Zweig, ein fataler grüner Würgengel von superklugem Gewälsch, ohne Sprach, ohne Musik, es sei denn das hölzerne Gelächter; dem gleicht's ganz im Ton und Inhalt; mach mich nicht närrisch, – ich will nichts mehr davon wissen. Dein apokalyptisch Fragment macht mich auch schwindlen; bin ich zu unreif, oder was ist es, daß ich so fiebrig werd, und daß Deine Phantasien mich schmerzlich kränken. »*Meine Gedanken wurden hierhin und dorthin getrieben wie eine Fackel vom Sturmwind, bis meine Erinnerung erlosch.*« Warum schreibst Du mir so was? – das sind mir bittere Gedanken! Es macht mich unzufrieden und voll Bangigkeit, daß Du Deinen Geist in eine Unbewußtheit hineinversetzest. Ich weiß nicht, wie ich immer empfinde, als sei alles Leben inner mir und nichts außer mir, Du aber suchest in höheren Regionen nach Antwort auf Deine Sehnsucht, willst »*mit Deinen Gespielinnen den Mond umwallen*«, wo ich keine Möglichkeit mir denken kann mitzutanzen, willst »*erlöst sein von den engen Schranken Deines Wesens*«, und mein ganz Glück ist doch, daß Gott Dich in Deiner Eigentümlichkeit geschaffen hat; – und dann sagst Du noch so was Trauriges: »*Ich schien mir nicht mehr Ich und doch mehr als sonst Ich.*« Meinst Du, damit wär mir gedient? – »*Meine Grenzen konnte ich nicht mehr finden, mein Bewußtsein hatte sie überschritten, es war anders.*« Mit dem allen ist mein Urteil gesprochen, mich quält Eifersucht, mir scheint Dein Denken außer den Kreisen zu schweifen, wo ich Dir begegne. Du bist herablassend, daß Du vor mir solche Dinge aussprichst, die ich nicht nachempfinden kann und auch nicht mag, weil sie unsern engen Lebenskreis überschreiten, in dem allein mir nur lieb denken ist. Straf mich nun mit Worten, wie Du willst, daß ich so dumm bin, aber der Eifersucht Brand tobt in mir, wenn Du mir nicht am Boden bleibst, wo auch ich bin. In diesem Fragment lese ich, daß Du nur im Vorübergehen mit mir bist, ich aber wollte immer mit Dir sein, jetzt und immer, und ungemischt mit andern; erst hast Du geweint im Traum um mich, und nachher im Wachen vergißt Du alles Dasein mit mir, ich kann mir nichts denken als nur ein Leben, wie es gerad dicht vor mir liegt, mit Dir auf der Gartentreppe oder am Ofen, ich kann keine Fragmente schreiben, ich kann nur an Dich schreiben, aber innerlich weite Wege, große Aussicht, aber nicht dem Mond nachlaufen und im Tau vergehen und im Regenbogen verschwimmen. Zeit und Ewigkeit, das ist mir alles so weitläufig, da fürcht ich Dich aus den Augen zu verlieren, was ist mir »*Ein unendliches Leben bleibend im Wandel*«, jeder

Augenblick, den ich leb', ist ganz Dein, und ich kann's auch gar nicht ändern, daß meine Sinne nur bloß auf Dich gerichtet sind, Du wirfst mich aus der Wiege, die Du auf dem großen Ozean schwimmend vor Dir hergetrieben hast, hinaus in die Wellen, weil Du in die Sonne fahren willst, unter die Sterne und im Meer zerrinnen. – Mir ist schwindelig, taumelig. – So ist einem, der vom Feuer verzehrt wird und kann doch kein Wasser dulden, das es lösche. Du verstehst mich nicht, und wenn Du noch so klug bist und alles verstehst, das Kind in Deine Brust geboren, das verstehst Du nicht. – Ich weiß wohl, wie mir's gehen wird mein ganzes Leben, ich weiß es wohl. Leb wohl.

Bettine

Heut haben wir den 19. Mai, am 7. Mai hat's zum erstenmal gedonnert in diesem Jahr, das wird gerad gewesen sein, wo Du das verdammte apokalyptische Fieber hattest.

Ein Tagebuch ihrer Jugend ist dies Buch für Bettine selbst, die mit allerlei poetischen Spielereien der Freundin die Zeit ihrer Pubertät und ihres Übermuts noch einmal nacherzählt. Die Jagd auf Hirngespinst und die Jagd auf Vögelchen reimen sich da und vereinen sich, wie im folgenden Brief, in einer Metapher und zeigen Bettines poetische Geschicklichkeit.

Wie wir hier leben, das will ich Dir erzählen. Morgens kommen wir alle im Schlafzimmer von Savignys zusammen. Da wird gegalert und als ein bißchen Krieg mit Kopfkissen und Rouleaux geführt, und im Nebenzimmer wird gefrühstückt dabei. Wir nehmen uns zwar sehr in acht, den großen Savigny zu treffen, aber er ist gescheut, wenn's Gefecht heiß wird, da zieht er sich zurück. Später zerstreut sich alles. Wir sind auch jetzt schon zweimal geritten, ich bin beidemal heruntergefallen, einmal wie wir bergauf ritten und einmal vor Lachen. Nachmittags gehen wir manchmal in den Wald, und *Savigny* liest vor, da hab ich meine Not mit dem Zuhören, auf dem Waldrasen hab ich gar zu viel Zerstreuung, alle Augenblick ist ein Kräutchen oder ein Spinnchen oder ein Räupchen oder ein Sandsteinchen, oder ich bohr ein Löchelchen in die Erd und find allerlei da, der *Savigny* sagt, ich sei hoffärtig und wollt nicht zuhören, er kann's nicht leiden, drum setz ich mich hinter seinen Kopf, da merkt er's als nicht. Wir gehen auch als auf die Jagd, und ich nehm die kleine Flint, ich schieß aber immer, was Du wohl weißt, wonach ich immer auf die Jagd geh, Hirngespinste aus der Luft, gestern wollte mir der *Bostel* lehren, nach den Vögelchen zielen, ich schoß, und das Vögelchen fiel herunter, ich dacht gar nicht, daß ich's treffen würde, ich war sehr erschrocken, aber der *Bostel* machte so großen Lärm von meinem scharfen Blick, und die andern lobten mich alle, daß ich so gut ziele, daß ich meine Reue über diesen ersten Mord nicht merken ließ. Ich nahm das Vögelchen in die Hand, wo es vollends erkaltete, in der Nachtstille hab ich's begraben unter dem Fenster von Deiner Schlafkammer und nicht ohne schwere Nachgedanken; wahrlich, ich hab es nicht mit Willen getan, aber doch mit Leichtsinn. Was liegt am Vogel, alle Jäger schießen ihn ja! – Aber ich nicht, ich hätt es niemals getan, aus dem Laub, in seiner heiteren Lebenszeit den Vogel herunterzuschießen, den Gott mit der Freiheit des Flugs begabt hat. Gott schenkt ihm die Flügel, und ich schieß ihn herunter, o nein, das stimmt nicht!

Der Briefwechsel mit der Günderrode ist ein weiblicher Bildungsroman mit einem doppelt tragischen Ende. Bettine hat die Abweisung der Freundin zu ertragen, die ihr einen Mann vorzog. Im Buch bildet die Zurückweisung, die Bettine

*durch die Günderrode erfuhr, einen Kontrast zu einer nächt-
lichen, romantischen Szene mit Studenten. Ihnen ist das
Buch gewidmet. Aus den Liedern der Studenten hörte Bettine den Traum von einem freien Leben heraus, das sich mit
der Günderrode hätte erfüllen können und sich nicht erfüllt
hat.*

Es war in der Neujahrsnacht; ich saß auf meiner Warte und
schaute in die Tiefe; alles war so still – kein Laut bis in die
weiteste Ferne, und ich war betrübt um die *Günderode*, die
mir keine Antwort gab; die Stadt lag unter mir, auf einmal
schlug es Mitternacht, – da stürmte es herauf, die Trommeln
rührten sich, die Posthörner schmetterten, sie lösten ihre
Flinten, sie jauchzten, die Studentenlieder tönten von allen
Seiten, es stieg der Jubellärm, daß er mich beinah wie ein
Meer umbrauste; – das vergesse ich nie, aber sagen kann ich
auch nicht, wie mir so wunderlich war da oben auf schwin-
delnder Höhe, und wie es allmählich wieder still ward und
ich mich ganz allein empfand. Ich ging zurück und schrieb
an die *Günderode*; vielleicht finde ich den Brief noch unter
meinen Papieren, dann will ich ihn beilegen; ich weiß, daß
ich ihr die heißesten Bitten tat, mir zu antworten; ich schrieb
ihr von diesen Studentenliedern, wie die gen Himmel ge-
schallt hätten und mir das tiefste Herz aufgeregt; ja ich legte
meinen Kopf auf ihre Füße und bat um Antwort und wartete mit heißer Sehnsucht acht Tage, aber nie erhielt ich eine
Antwort; ich war blind, ich war taub, ich ahndete nichts.
Noch zwei Monate gingen vorüber – da war ich wieder in
Frankfurt; – ich lief ins Stift, machte die Tür auf: siehe da
stand sie und sah mich an; kalt, wie es schien; »*Günderod,*
rief ich, »darf ich hereinkommen?« – Sie schwieg und wendete sich ab; »*Günderod*, sag nur ein Wort und ich lieg an
deinem Herzen.« »Nein«, sagte sie, »komme nicht näher,

kehre wieder um, wir müssen uns doch trennen.« – »Was heißt das?« – »So viel, daß wir uns ineinander geirrt haben und daß wir nicht zusammengehören.« – Ach, ich wendete um! Ach, erste Verzweiflung, erster grausamer Schlag, so empfindlich für ein junges Herz! Ich, die nichts kannte wie die Unterwerfung, die Hingebung in dieser Liebe, mußte so zurückgewiesen werden.

Der originale Brief, den Bettine im Juni 1806 an Caroline von Günderrode schreibt, als diese sie verstoßen hat, zeigt die Souveränität ihres Charakters und die Ehrlichkeit, die hinter all ihrer poetischen Scharlatanerie steht.

Ich hätte gern, daß Du der Gerechtigkeit und unserer alten Anhänglichkeit zulieb mir noch eine Viertelstunde gönntest, heut oder morgen; es ist nicht, um zu klagen, noch um wieder einzulenken. Beides würde Dir gewiß zuwider sein, und von mir ist es auch weit entfernt. Denn ich fühle deutlich, daß nach diesem verletzten Vertrauen bei mir die Freude, die Berechnung meines Lebens nicht mehr auf Dich ankommen wird wie ehemals, und was nicht aus Herzensgrund, was nicht ganz werden kann, soll gar nicht sein. Indessen fühle ich immer noch, daß Du Ansprüche auf meine Dankbarkeit machen kannst, obschon sie Dir wenig nützen kann. Ich habe manches, was ich nicht für Dich verloren möchte gehen lassen, dies alles hat ja auch nichts mit unserem zerrütteten Verhältnis gemein, ich will auch dadurch nicht wieder anknüpfen, wahrhaftig nicht! im Gegenteil, diese Ruinen *(größer und herrlicher als Du vielleicht denkst)* in meinem Leben sind mir ungemein lieb, und wenn ich an *Goethes* Wandrer dabei denke, so wird mir ganz wohl und leicht dabei, ich versteh ihn dann dreifach.

Ich habe mir statt Deiner die Rätin *Goethe* zur Freundin

gewählt, es ist freilich was ganz anders, aber es liegt was im Hintergrunde dabei, was mich selig macht, die Jugendgeschichte ihres Sohnes fließt wie kühlender Tau von ihren mütterlichen Lippen in mein brennend Herz, und hierdurch lern ich die Jugend anschaun, und hierdurch lern ich, daß seine Jugend allein mich erfüllen sollte, eben deswegen auch mache ich keine Ansprüche mehr auf Dich.

Du hast zur *Clodin* gesagt, ich wüßte, warum Du Dich mit mir entzweit hättest. Ich weiß es aber nicht, und ich denke, Du wirst es billig finden, meine Fragen darüber zu beantworten, nicht um Dich, sondern um mich zu berichtigen. Ich habe bis jetzt geglaubt, der *Creuzer* hab etwas gegen mich, oder die *Servieres* hätten mir die Suppe versalzen; es sei dem allen nun, wie ihm wolle, ich verspreche Dir, mich nicht weißbrennen zu wollen, wie Du vielleicht denkst, oder Dir Vorwürfe zu machen, erlaub also, was ich fordern kann.

Wenn mir mein Freund das Messer an die Kehle gesetzt hätte und ich hätte so viele Beweise seiner Liebe, so freundliche, so aufrichtige Briefe von ihm in Händen gehabt, ich würde ihm dennoch getraut haben. Die Briefe mußt Du mir wieder geben, denn Du kömmst mir falsch vor, solang Du sie besitzest, auch leg ich einen Wert darauf, ich habe mein Herz hinein geschrieben.

Bettine Brentano

Noch im selben Jahr erstach sich Caroline von Günderrode in Winkel am Rhein. Diesmal spricht aus Bettines Brief vom August 1806 an Arnim, dem sie diesen spektakulären Tod mitteilt, eine theatralische Ichbezogenheit: Der Bericht von ihren eigenen Gefühlen und Gesten überwiegt das Mitleid mit der unglücklichen Freundin.

So steht auch die unglückliche *Günderode* in ihrem schrecklichen Schicksal da, sie wollte den Feind vernichten, der ihre Freiheit einengte, und mit dem einzigen Versuch, mit dem einzigen Dolchzucken traf sie ihr eigen Herz und warf das, was ihr wert sein sollte, weit von sich und traf mich auch mit dieser Untat, ich werde den Schmerz in meinem Leben mit mir führen, und er wird in viele Dinge mit einwirken, es weiß keiner, wie nah es mich angeht, wieviel ich dabei gewonnen und wieviel ich verloren habe. Ich habe den Mut dabei gewonnen und die Wahrheit, vieles zu ertragen und vieles zu erkennen; es ist mir auch vieles dabei zugrunde gegangen, ich werd mich nicht so leicht mehr an den einzelnen fesseln, und um dieses werd ich oft mit Schmerz und Trauer zu ringen haben. – Sie wissen wohl gar nichts von allem, wie sie sich am Rhein auf einer grünen Wiese unter Weidenbüschen abends um zehn Uhr mit lustiger Miene das starke Messer durch die Brust gestoßen, so nah am Rhein, daß ihre aufgeflochtenen Haare in das Wasser hingen; die ganze Nacht blieb sie da liegen, bis morgens der kühle Tau ihr auf die Brust fiel in die tiefe, tiefe Wunde hinein, die gleich im ersten Moment dem Leben so großen Raum gab, schnell zu entfliehen. Ich war gerade auf einer Rheinreise begriffen, den Tag, nachdem es geschehen war, warf man mir die schreckliche Nachricht ins Herz, ich fuhr in einem kleinen Nachen an der Stelle dicht vorbei, wo es geschehen war. Wie es mir da gegangen, wie ich gegen alles ein ander Gefühl gehabt, und wie ich die Natur mit einem eigenen Blicke betrachtet habe, – davon sprechen wir, wenn wir uns sehen; es waren Gewitter am Himmel, dunkle, schwere Wolken, Sonnenblicke, und doch war alles so herrlich, ich habe einzig gefühlt, und ich bin froh, daß ichs durchlebt habe. Ein augenblicklich Verlangen hatt ich damals, eine Sehnsucht nach einem Hafen, einem Herzen, worin ich mit Sicherheit all meine Gedanken möchte landen lassen, ein jeder fände Platz, keiner dürfte den andern verdrängen, die leichte Barke mit witziger, bunter Wimpel fährt schnell dahin und ankert, wo auch das ernste Kriegsschiff, mit Mut und Stärke beladen und mit Schicksal, ich würde alles dorthin senden und verwahren den jungen Keim der Weisheit, den der lebhafte Sinn nicht aufkommen läßt.

Dem Reiz, den Tod der Günderrode mit der gehörigen Melodramatik auszustatten, kann Bettine im publizierten Briefwechsel nicht widerstehen. Nachricht vom pathetischen Sterben der Freundin gibt sie schon in »Goethes Briefwechsel mit einem Kinde«. Dort berichtet sie Goethes Mutter von der Günderrode Todessehnsucht und vom tatsächlichen Tod der Günderrode.

⟨...⟩ einmal kam sie mir freudig entgegen und sagte: »Gestern hab ich einen Chirurg gesprochen, der hat mir gesagt, daß es sehr leicht ist, sich umzubringen«, sie öffnete hastig ihr Kleid und zeigte mir unter der schönen Brust den Fleck; ihre Augen funkelten freudig; ich starrte sie an, es ward mir zum erstenmal unheimlich, ich fragte: »Nun! – Und was soll ich denn tun, wen Du tot bist?« – »O«, sagte sie, »dann ist Dir nichts mehr an mir gelegen, bis dahin sind wir nicht mehr so eng verbunden, ich werd mich erst mit Dir entzweien.« – Ich wendete mich nach dem Fenster, um meine Tränen, mein vor Zorn klopfendes Herz zu verbergen, sie hatte sich nach dem andern Fenster gewendet und schwieg; – ich sah sie von der Seite an, ihr Auge war gen Himmel gewendet, aber der Strahl war gebrochen, als ob sich sein ganzes Feuer nach innen gewendet habe; – nachdem ich sie eine Weile beobachtet hatte, konnt ich mich nicht mehr fassen, – ich brach in lautes Schreien aus, ich fiel ihr um den Hals und riß sie nieder auf den Sitz und setzte mich auf ihre

Knie und weinte viel Tränen und küßte sie zum *erstenmal* an ihren Mund und riß ihr das Kleid auf und küßte sie an die Stelle, wo sie gelernt hatte das Herz treffen; und ich bat mit schmerzlichen Tränen, daß sie sich meiner erbarme, fiel ihr wieder um den Hals und küßte ihre Hände, die waren kalt und zitterten, ihre Lippen zuckten, sie war ganz kalt, starr und totenblaß und konnte die Stimme nicht erheben; sie sagte leise: »*Bettine*, brich mir das Herz nicht«; – ach, da wollte ich mich aufreißen und wollte ihr nicht wehtun; ich lächelte, weinte und schluchzte laut, ihr schien immer banger zu werden, sie legte sich aufs Sofa ⟨...⟩

Im Briefwechsel mit der Günderrode wird der Tod nicht, wie es die Nachwelt aus einem trivialen Interesse an Liebesgeschichten immer getan hat, auf das gescheiterte Verhältnis zu Creuzer zurückgeführt. Melancholie und Lebensverachtung sind in der Tat dauerhafte Charakterzüge der Günderrode; in solchen Eigenschaften sieht auch Bettine das Ende Carolines vorgezeichnet.

»Es gibt ein Verstummen der Seele«, sagtest Du, »wo alles tot ist in der Brust.« – »Ist es so in Dir?« fragte ich – Du schwiegst eine Weile, dann sagtest Du: »Es ist grade so in mir wie da draußen im Garten, die Dämmerung liegt auf meiner Seele wie auf jenen Büschen, sie ist farblos, aber sie erkennt sich, – aber sie ist farblos,« sagtest Du noch einmal, und dies letzte Mal so klanglos auch, daß ich Dich im Nachtschimmer ansah, verwundert und verschüchtert, denn ich traute mich nicht mehr zu reden, ich sann auf Worte, wie ich mit Dir anheben sollt; ich suchte in weiten Kreisen umher, nichts schien mir geeignet, diese Stille zu unterbrechen, die immer tiefer und tiefer sich wurzelte und mir wie einen Schlummer durch den Kopf strömte, dem ich nicht mehr widerstand – ich legte mich träumend auf die Fensterbank mit dem Kopf, und so, wer weiß, wieviel Zeit verging, da kam Licht ins Zimmer, und als ich aufsah, da standst Du über mir gebeugt und sahst auf mich, und als ich Dich fragend ansah, da gabst Du zur Antwort: – »Ja, ich fühle oft wie eine Lücke hier in der Brust, die kann ich nicht berühren, sie schmerzt;« ich sagte: »Kann ich sie nicht ausfüllen, diese Lücke?« – »Auch das würde schmerzen,« sagtest Du; da reicht ich Dir die Hand und ging, und lang verfolgte mich Dein Blick, der so still war und so innerlich und doch nur wie über mir hinstreifte. O ich hatte Dich im Heimgehen so lieb, ich schlang meine Arme um Dich so fest in Gedanken, ich dacht, ich wollte Dich tragen auf meinen Armen ans End der Welt und dort Dich an einen schönen moosreichen Platz niedersetzen, da wollt ich Dir dienen und nichts Dich berühren lassen, was Dir wehtun könne; ja, so war's in meinem kindischen Herzen, mit Gewalt wollt ich Dich fröhlich machen und dachte einen Augenblick, es solle mir gelingen, aber ich weiß wohl, daß mir so was nicht gelingen kann, und daß es nur Verwechseln ist von meinen Sinnen, die wie Kinder Fernes und Nahes nicht unterscheiden können, die auch meinen, sie können den Mond herablangen mit der Hand und können den Spielkamerad damit trösten, wenn er stumm und traurig ist. – Als ich nach Hause kam, da waren alle beim Tee versammelt, und ich war stumm, weil ich an Dich dachte, und setzte mich auf einen Schemel am Ofen, und da ging ich tief in mein Herz hinein, wie ich doch ein inneres Leben aus meinem Geist wecken wolle, das Dich ein bißchen berühre, da Du mir bisher alles allein gegeben hast, und ich hab nie die Stimme in meiner Brust können vor Dir laut werden lassen; da dacht ich, wenn ich fern von Dir wär, da würd ich in Briefen wohl eher zu mir selber kommen, weil das vielfältige, ja das tausendfältige Getümmel in mir mich verstummen macht, daß ich nicht zu Wort komme vor mir selber. – Und ich erinnerte mich, daß, wie wir einmal von den Monologen des *Schleiermacher* sprachen, die mir nicht gefielen, so warst Du andrer Meinung und sagtest zu mir: »Und wenn er auch nur das einzige Wort gesagt hätte: der Mensch solle alles Innerliche ans Tageslicht fördern, was ihm im Geist innewohne, damit er sich selber kennenlerne, so wär *Schleiermacher* ewig göttlich und der erste größte Geist.« – Da dacht ich, wenn ich von Dir fern wär, da würd ich in Briefen wohl Dir die ganze Tiefe meiner Natur offenbaren können – Dir und mir; und ganz in ihrer ungestörten Wahrheit, wie ich sie vielleicht noch nicht kenne, und wenn ich will, daß Du mich liebst, wie soll ich das anders anfangen als mit meinem innersten Selbst, – sonst hab ich gar nichts anders, – und von Stund an ging ich mir nach wie einem Geist, den ich Dir ins Netz locken wollt.

Die Günderrode lebt durch das Buch der Bettine. Mit ihm hat das biographische Interesse am Schicksal der Dichterin, deren Poesie nach ihrem Tod schnell vergessen war, eingesetzt. Für Bettine war die Publikation des Briefwechsels eine Chance zum Rückblick auf ihr Leben, auf eine intellektuelle Beziehung jenseits der Männerwelt. Die Schwierigkeit, als denkende Frau zu existieren, hat die eine der Freundinnen in den Tod getrieben, die andere in die Konvention zurückgeführt, in die Liebe zu den Männern, was, zumindest während der Zeit der Ehe mit Arnim, einem intellektuellen Tod gleichkam. Die Lücken, die dadurch ihre Bildung erfuhr, mußte die schriftstellernde Bettine durch Übertreibungen in ihrem Stil vertuschen. Auch wenn darunter die Wahrhaftigkeit leiden mußte, so besteht dennoch eine Wahrheit ihrer Existenz in der Energie, die all diese heftigen Worte trägt.

III
Alter
Dem König

Die Erinnerung an die Günderrode schließt für Bettine eine Epoche ihres Lebens ab, denn inzwischen hat sie einen neuen Weg in die Wirklichkeit jenseits der Liebe von und zu Männern gefunden, den Weg in die Politik. Ein anderer Geist kommt ihr als Vorbote der Revolution von 1848 in ihrem Berliner Salon entgegen. Nicht sie hat die Studenten gebildet, diese haben sie erzogen. Schon von 1830 an verändert sich ihr Zirkel. Mit Moriz Carriere und Bernhard Oppenheim verkehren Junghegelianer bei ihr, seit 1840 empfängt sie auch den russischen Anarchisten Michail Bakunin und den Sozialisten Bruno Bauer. Deshalb erscheinen auch die neue Ausgabe von »Des Knaben Wunderhorn« und später alle anderen Werke Achim von Arnims im Verlag von dessen Bruder Egbert Bauer. Der Bericht eines österreichischen Diplomaten an Metternich aus Berlin zählt Bettines Salon unter die geheimen Keimzellen der Revolution, indem dort Frauen vor allem durch Stil und Umgangsformen, durch unkonventionelle Mode die Sitte brüskieren: »Unter allen Frauen dieser Art in Berlin, die einen öffentlichen Ruf genießen, ist Bettina von Arnim unstreitig die erste und bedeutendste. Daß ihre Abendzirkel den bezeichneten Charakter haben, ist hier allgemein und selbst dem Hofe bekannt. Man läßt sie gewähren, da sie hier in allgemeiner Achtung steht und man ihr von Rechtswegen nichts anhaben kann.« Bis ins Jahr 1840, dem Regierungsantritt Friedrich Wilhelms IV., setzen die Liberalen ihre Hoffnung auf ihn, den Kronprinzen.

Da er als König diese Hoffnungen enttäuscht, tritt die Spaltung sogar innerhalb von Bettines Familie auf: Die Liberalen folgen Bettine und ihrer Tochter Gisela, die Königstreuen finden sich im Kreis um Maxe und Armgard. Als Frau von Stand muß Bettine ihre Töchter bei Hof debütieren lassen, doch überträgt sie die Aufgabe der Begleitung ihrer Schwester Gunda. Sie selbst erscheint am preußischen Hof nie.

Bettines Empfänglichkeit für liberale Ideen ist schon in der Jugend vorbereitet worden, wie überhaupt das publizierte Leben der Bettine nichts anderes ist als eine Wiederbelebung jugendlicher Träume, Fähigkeiten, Wahrheiten und Weisheiten. Die Landshuter Jugendbewegung hatte sich für den Tiroler Freiheitskampf gegen Napoleon begeistert. Bettine wurde in ihrer Anteilnahme durch den Grafen Stadion (mit dem sie durch die Großmutter Sophie La Roche verwandt war) bestätigt, der der patriotisch-antifranzösischen Partei angehörte. Stadion stand dem bayerischen Kronprinzen nahe, den Bettine selbst auf einem Maskenball kennenlernte und dessen Dichtungen sie schätzte. Angeblich will sie diesem einen Bittbrief für die Tiroler gesandt haben, der aber nicht erhalten ist. 1823 lernt sie in Berlin, wiederum im Kreis der Studenten Savignys, den Schweizer Juristen Philipp Hößli kennen, der in seinem Tagebuch am 21. 9. 1822 festhält, daß Bettine noch in dieser Zeit von ihrem Brief an den Kronprinzen sprach: »Bettina die sehr für die Tiroler eingenommen war, schrieb einen langen Brief zu ihren Gunsten an den Kronprinzen. Der Überbringer berichtete, daß derselbe beim Lesen oft die Farbe gewechselt, den Brief zweimal versiegelt und wieder aufgerissen, dann den Überbringer hinausgeworfen, ihr aber gleich ein Glas geschickt, aus dem er auf die Gesundheit der Tiroler getrunken. Nachher war er immer ein Begünstiger derselben. Ihre häufigen Unter-

redungen mit dem österreichischen Gesandten Stadion.«
Die Reaktion Ludwigs wirkt so dramatisch, daß immerhin
auch in dieser mündlichen Erzählung ein Fabulierkunst-
stück Bettines zu vermuten ist.

Die poetisierte Fassung dieses Engagements findet sich in
»Goethes Briefwechsel mit einem Kinde«. Dort wird, wie
für die Zeit üblich, das Hochgebirge zum Symbol der Frei-
heit, der Anblick der Berge zur Erhebung der Seele.

Diesen ganzen Sommer bin ich nicht ans Sonnenlicht gekommen, die Gebürgsketten, die einzige Aussicht, die man
von hier hat, waren oft von den Flammen des Kriegs gerö-
tet, und ich habe meinen Blick nie mehr zwingen können,
sich dahin zu wenden, wo der Teufel ein Lamm würgt, wo
die einzige Freiheit eines selbständigen Volkes sich selber
entzündet, und in sich verlodert. Diese Menschen, die mit
kaltem Tritt über ungeheure Felsklüfte schreiten, die den
Schwindel nicht kennen, machen alle andre, die ihnen zu-
sehen, von ihrer *Höhe* herab schwindlig, es ist ein Volk, das
für den Morgen nicht sorgt, dem Gott unmittelbar, grade
wenn die Stunde des Hungers kömmt, auch die Nahrung in
die Hand gibt, das, wie es den Adlern gleich auf den höchsten Felsspitzen über den Nebeln ruht, auch so über den Nebeln der Zeit wohnt, das lieber im Licht untergeht, als wie
im Dunklen ein ungewisses Fortkommen sucht. O Enthusiasmus des eignen freien Willens, du bist so groß, daß du
allen Genuß, der über ein Leben verbreitet ist, wohl in einem
Augenblick zusammenfassest, darum so läßt sich um einen
solchen Moment auch wohl das Leben wagen; mein eigner
Wille aber ist, Dich wieder zu sehen, und allen Enthusiasmus
der Liebe wird ein solcher Moment in sich fassen, und
darum begehre ich auch außer diesem nichts mehr.

Die späte Veröffentlichung von »Goethes Briefwechsel mit einem Kinde« – fast dreißig Jahre nach der wirklichen Begegnung – verschafft Bettine die Möglichkeit, sich einen anderen, einen nationalliberalen Verlauf der deutschen Geschichte auszudenken und sich selbst als Protagonisten der versäumten Alternative zu imaginieren. Goethe hielt es – zum Verdruß der romantisch bewegten Jugend nach 1806 – mit Napoleon und stand der nationalen und demokratischen Befreiungsbewegung fern. Wenn Bettine gerade Goethe mitteilt, daß sie den bayerischen Kronprinzen Ludwig beinahe dazu gebracht hätte, den Tiroler Aufstand gegen Napoleon zu unterstützen, so demonstriert sie den oppositionellen Intellektuellen der dreißiger Jahre in ihrem Salon, daß sie schon immer auf der Seite eines freien Deutschlands gestanden und sogar versucht habe, den größten Dichter für diese bessere Lösung zu gewinnen.

Am dritten Feiertag holte er ⟨der Klavierlehrer Bopp⟩ mich ab in den englischen Garten, um die Anrede des Kronprinzen an seine versammelte Truppen, mit denen er seinen ersten Feldzug machen wird, anzuhören; ich konnte nichts Zusammenhängendes verstehen, aber was ich hörte, war mir nicht recht, er spricht von ihrer Tapferkeit, ihrer Ausdauer und Treue, von den abtrünnigen, verräterischen Tirolern, daß er sie, vereint mit ihnen, zum Gehorsam zurückführen werde, und daß er seine eigne Ehre mit der ihrigen verflechte und verpfände usw. Wie ich nach Hause komme, wühlt das alles in mir, ich sehe schon im Geist, wie der Kronprinz, seinen Generalen überlassen, alles tut, wogegen sein Herz spricht, und dann ist's um ihn geschehen. So ein bayrischer General ist ein wahrer Rumpelbaß, aus ihm hervor brummt nichts als Bayerns Ehrgeiz; das ist die grobe, rauhe Stimme, mit der er alle besseren Gefühle übertönt.

Das alles wogte in meinem Herzen, da ich von dieser öffentlichen Rede zurückkam, und daß kein Mensch in der Welt einem Herrscher die Wahrheit sagt, im Gegenteil nur Schmeichler ihnen immerdar recht geben, und je tiefer sich ein solcher irrt, je gewaltiger ist in jenen die Furcht, er möge an ihrer Übereinstimmung zweifeln; sie haben nie das Wohl der Menschheit, sie haben nur immer die Gunst des Herrn im Auge. Ich mußte also einen verzweifelten Schritt tun, um den Tumult der eignen Lebensgeister zu beschwichtigen, und ich bitte Dich im voraus um Verzeihung, wenn Du es nicht gutheißen solltest.

Erst nachdem ich dem Kronprinzen meine Liebe zu ihm, meine Begeisterung für seinen Genius, Gott weiß in welchen Schwingungen, ans Herz getrieben habe, vertraue ich ihm meine Anschauung von dem Tirolervolk, das sich die Heldenkrone erwirbt, meine Zuversicht, er werde Milde und Schonung da verbreiten, wo seine Leute jetzt nur rohe Wut und Rachgierde walten lassen, ich frage ihn, ob der Name »Herzog von Tirol« nicht herrlicher klinge, als die Namen der *vier* Könige, die ihre Macht vereint haben, um diese Helden zu würgen? Und es möge nun ausgehen wie es wolle, so hoffe ich, daß er sich von jenen den Beinamen *der Menschliche* erwerben werde; dies ungefähr ist der Inhalt eines vier Seiten langen Briefs, den ich, nachdem ich ihn in heftigster Wallung geschrieben (da ich denn auch nicht davor stehen kann, was alles noch mit untergelaufen), mit der größten Kaltblütigkeit siegelte und ganz getrost in des Klaviermeisters Hände gab, mit der Bedeutung: es seien wichtige Sachen über die Tiroler, die dem Kronprinz von großem Nutzen sein würden. –

Wie gern macht man sich wichtig, mein *Bopp* purzelte fast die Stiegen herab, vor übergroßer Eile dem Kronprinzen den interessanten Brief zu überbringen, und wie leichtsinnig bin ich, ich vergaß alles. Ich ging zu *Winter*, Psalmen singen, zu *Tieck*, zu *Jacobi*, nirgends stimmt man mit mir ein, ja alles fürchtet sich, und wenn sie wüßten, was ich angerichtet habe, sie würden mir aus Furcht das Haus verbieten, da seh ich denn ganz ironisch drein und denke: seid ihr nur bayrisch und französisch, ich und der Kronprinz wir sind deutsch und tirolisch, oder er läßt mich ins Gefängnis setzen, dann bin ich mit einem Male frei und selbständig, dann wird mein Mut schon wachsen, und wenn man mich wieder losläßt, dann geh ich über zu den Tirolern und begegne dem Kronprinzen im Feld, und trotze ihm ab, was er so mir nicht zugesteht.

O *Goethe*, wenn ich sollte ins Tirol wandern und zur rechten Zeit kommen, daß ich den Heldentod sterbe! Es muß doch ein ander Wesen sein, es muß doch eine Belohnung sein für solche lorbeergekrönten Häupter; der glänzende Triumph im Augenblick des Übergangs ist ja Zeugnis genug, daß die Begeisterung, die der Heldentod uns einflößt, nur Widerschein himmlischer Glorie ist. – Wenn ich sterbe, ich freue mich schon darauf, so gaukle ich als Schmetterling aus dem Sarg meines Leibes hervor, und dann treffe ich Dich in dieser herrlichen Sommerzeit unter Blumen, wenn ein Schmetterling Dich unter Blumen vorzieht und lieber auf Deiner Stirn sich niederläßt und auf Deinen Lippen als auf den blühenden Rosen umher, dann glaube sicher, es ist mein Geist, der auf dem Tiroler Schlachtfeld freigemacht ist von irdischen Banden, daß er hin kann, wo die Liebe ihn ruft.

Ja, wenn alles wahr würde, was ich schon in der Phantasie erlebt habe, wenn alle glanzvollen Ereignisse meines innern Lebens auch im äußern sich spiegelten, dann hättest Du schon große und gewaltige Dinge von Deinem Kind erfahren, ich kann Dir nicht sagen, was ich träumend schon getan habe, wie das Blut in mir tobt, daß ich wohl sagen kann, ich hab eine Sehnsucht, es zu verspritzen.

Mit dem Schweizer Studenten Philipp Hößli taucht schon zur Zeit, als Arnim noch lebte, ein Repräsentant des freien Gebirgsvolkes in Bettines Berliner Salon und in Wiepersdorf auf. Mit ihm entspinnt sich eine halberotische Korrespondenz, im emphatischen Ton wie die späteren Briefe an Döring und Nathusius. Zwischen Leidenschaft und Begeisterung schweben im Januar 1823 ihre Worte unsicher hin und her: »Leidenschaft ist ein voller Strom. Seine tausend Wellen empfangen die Strahlen und die Gebilde des gestirnten Himmels; sein Wesen ist unabwendbar von seinem Ziele: Well auf Well hin, wo der Magnet ist. Leidenschaft hebt und trägt den kühnen Schwimmer.« Zum ersten Mal übt sie sich hier, wie in einem Schreiben vom März, als Erzieherin der Jugend:

»Nicht von Vorurteilen wollen wir uns bezwingen lassen, als seiest Du ein Mensch wie jeder andere, der nach der Notdurft lebt und für sie sich bildet. Richte eine Frage an Dich, ob Du Dich geneigt fühlst, irdische Lasten zu tragen, in irdische Landschaft Dich zu verwickeln? Und der ungeschwächte göttliche Geist, der in Dir wohnt, wird Dir einleuchten, er wird seine Schwingen vor Dir ausbreiten und Dir zeigen, daß er berufen ist, über dem Vergänglichen zu schweben.«

Die Herkunft aus einem »freien Volk«, dem Philipp Hößli zugehörte, inspiriert Bettine und erregt ihre politische und erotische Begeisterung. Im Januar 1823 schreibt sie ihm: »Denn daß Du ein Schweizer bist, hat großen Einfluß auf mein ganzes Verhältnis zu Dir.« Im Berliner Salon allerdings nimmt das Schweizerwesen für den heutigen Leser einen eher komi-

schen Zug an. *Seinerzeit mögen Hößlis Auftritte, die er im Tagebuch beschreibt, eine folkloristische Faszination gewesen sein: »Dann Jodeln und Jauchzen. Kuhreigen, Gesänge, muß auch jauchzen. In den Saal. Mit Bettina über die Lieder, singe einige mit ihr.«*

Bettine hing – eine Folge ihrer Stellung als Witwe eines Arnim (der einer der führenden Adelsfamilien Preußens angehörte) – weniger politischen Ideen als vielmehr politischen Personen und am liebsten Fürsten, Prinzen und Königen an. Im preußischen Kronprinzen Friedrich Wilhelm, auf den die deutschen Liberalen ihre Hoffnungen setzten, hatte sie den Adressaten ihrer politischen Briefe in den vierziger Jahren gefunden. Ihre politische Aktion konnte für sie als Frau allerdings in nichts weiter bestehen als darin, Briefe zu schreiben. Sie entwickelte sich zu einer mutigen Bittstellerin vor dem Thron. Die Amtsenthebung der Brüder Grimm, die seit Jugendzeiten mit den Arnims befreundet waren, hatte sie zum ersten Mal dazu veranlaßt, bei ihren Bekannten, hohen Beamten und Ministern, Schritte zur Unterstützung der beiden Flüchtlinge zu unternehmen. Bei der Thronbesteigung bestätigte Friedrich Wilhelm IV. seine liberalen Anhänger zunächst im Vertrauen auf ihn, indem er Jacob und Wilhelm Grimm nach Berlin berief. Den Brüdern schildert Bettine am 16. Juli 1838 ihre Bemühungen um eine Anstellung für sie.

Ich habe den Brief an Savigny von Ihnen aus Leipzig gelesen; vorgestern bin ich hinaus nach Schöneberg zu Minister Altenstein gefahren, traf ihn ganz allein. Im Lauf des Gesprächs bedauerte ich, daß Deutschland wahrscheinlich die Gebrüder Grimm verlieren werde. Dies wollte der Minister nicht haben und beauftragte mich ausdrücklich, beide Grimm aufzufordern noch sechs Wochen sich ruhig zu verhalten und keinen Ruf außerhalb anzunehmen während sechs Wochen nur. Ich fragte mehrmals: Also im Namen von Euer Exzellenz kann ich den beiden Grimm diese Aufforderung machen. Ja sagte er ›In meinem Namen‹!

Vom Sinneswandel Friedrich Wilhelms IV. nach seiner Thronbesteigung war Bettine wie alle Fortschrittlichen enttäuscht. Da sie das Dramatische liebte, stellte sie sich selbst schon als Flüchtling vor, nachdem sie an Weihnachten 1847 beim König für den polnischen Revolutionär Mieroslawski und seine Schwester um Gnade gebeten hatte:

»Wie kann man sichs vor Gott aufbürden, daß man die Menschheit so schwer beleidige in diesen beiden Geschwistern? Welche Beschämung vor aller Welt, den Preußischen Staat gefährdet zu sehen durch den Besuch einer jungen Schwester durch den auf den Tod gefangnen Bruder, der dem Leben entsagt und die Hinrichtung achtet als den Heldentod.«
Ew. Majestät haben keinen Glauben, auch nicht an mich. Ich auch bin ein Spiel kleinlicher Verfolgungen. Aber wo kann Gerechtigkeit walten unter einer Herde Krähen? Eine hackt der andern die Augen nicht aus. Man kann nur flüchten vor dieser Herde, denn auf die hellen mutigen Augen des Gewissens ist sie verpicht. Ich aber bin eine Dornhecke, die an ihren schwarzen Federn zerrt, das brauchen sie ja nicht zu leiden. Also wird sich der arme Dornbusch, der heute noch das Lamm zu schützen sucht, nächstens außer Landes verpflanzen müssen. Aber Ew. Majestät mögen dem Dornbusch beistehn, in diesem letzten Versuch, das Lamm zu schützen gegen die Krähen und Raben, die in weiten Kreisen ihr Opfer suchen. Der Dornbusch trägt keine Blüten, die ihn würdigten, sich zu den Füßen eines geliebten Königs zu

bekennen; er zählt unbedingt auf die huldvolle Nachsicht Ew. Majestät.

Dennoch widmet sie dem König ihr nächstes Buch: »Dies Buch gehört dem König«, das die Zensur umgeht mit Billigung ihres »allergnädigsten Königs«. Adolf Stahr beschreibt sie im November 1843 die Umwege der Publikation.

Sie wollen gern wissen, wie mein Verhältnis in bezug auf das Königsbuch zum König stehe! – Ganz edel und ganz einfach! Er hatte während dem Druck den gemessenen Befehl gegeben, daß die Zensur mir nichts in den Weg legen solle; da aber das Buch die zwanzig Bogen überzählte, so hab ichs ihr nicht mehr in Händen gelassen; dies war natürlich gegen die Meinung unserer Herrn Reichsverweser, die es gern früher eingesehen haben würden. Ein Exemplar schickte ich dem König und erbot mich, daß, wenn es seiner Majestät mißfalle, so werde ich, ohne ein Opfer zu bringen, das Buch unterdrücken, im Gegenteil glaube ich dann ein Recht auf das Vertrauen seiner Majestät zu haben, das mir wichtig und heilig sei und dem Zweck meines Interesses wieder ausgleichend. –

Der König ließ mir durch *Humboldt* wissen, daß er sich freue, wenn meine Bücher sich überall verbreiten, ich wurde daher durch *Humboldt* mehrmals aufgefordert, nicht länger damit zurückzuhalten. Ich wartete dennoch damit, bis der König mir selbst schrieb, was nach drei Wochen geschah, denn es war mir ernst gewesen; hätte der König nicht sein Machtwort gegeben, das Buch solle sich im Publikum verbreiten, so war sein schönstes Verdienst verloren oder auch: Es lief Gefahr, wie Ihre Rezension konfisziert zu werden. Dann würde sich der König allmählich haben weis machen lassen: »Das Buch hätte nur Unheil gestiftet«, wär es veröffentlicht worden, ich aber wollte im Gegenteil ihm beweisen, daß diese großmütige Handlung, die über alle kleinliche Befürchtungen erhaben, ihm nur Glück bringen könne; und dem Publikum einen sicheren Beweis gab, der König sei unschuldig an allem, was das Vertrauen zwischen ihm und dem Volk stört.

Lieb wär mir, wenn grade dies in Rezensionen hervorgehoben und gleich jedem andern Verdienst voran gestellt sein möchte; nämlich: daß Volk und König wirklich tiefere Beziehungen noch habe als der herrschsüchtige Troß der verstandlosen Minister zugeben will, denn dieser eigentliche Zweck ist, beide in verschiedenen Bann zu tun; könnten sies möglich machen, das Volk dürfte dieselbe Luft nicht atmen, und sie würde erst durch ihre Polizei filtriert, wie Sie nun selbst erfahren müssen, ehe sie dem König zuströmen darf. Der König nennt mich in seinem Brief »Sonnenstrahlengetaufte Rebengeländerentsproßne« – er sagt ferner: »Ihr Gemüt ist zu kindlich und Ihre Feder zu stolz« usw. – er meint »darum könne er mir nicht schriftlich auseinandersetzen, wie er sich durch mein Buch tief geehrt fühle, er müsse es mir mündlich sagen, und ich wolle ihn ja nicht sprechen!« –

Freilich will ich das nicht; denn wieviel Böses würde aus dem Munde der Verleumdung auf mich gegossen werden. Niemand stellt sich gern unter eine Gosse, ich aber! Sie sprechen es ja selbst aus – da ich an die Macht der Persönlichkeit glaube, will diese letzte Heilsquelle nicht den Geniuslosen preisgegeben wissen. »Meine Geliebten! – vereinigt Euch mit mir einsam Schwebenden und helft mir, die Schmachtenden erretten!« ruft der Genius uns zu.

Alle Bücher Bettines sind jemandem gewidmet, diesmal aber ist die Widmung zum Titel geworden, und das nicht ohne Absicht. Zunächst war dieser fiktive Eigentumsvermerk eine

Provokation der Zensur, die schlecht ein Buch unterdrücken konnte, das angeblich dem König gehörte. Zudem ist es das erste Buch (und außer den »Gesprächen mit Dämonen« von 1852, die sich als »des Königsbuches zweiter Teil« verstehen) das einzige, das keinen Briefwechsel enthält. Es gibt sich als eine Adresse an den König, wenngleich auch diesmal die Szenerie in die Frankfurter Kindheit zurückverlegt ist. Die Maximen der Fürstenerziehung äußert hier Frau Rat Goethe im hessischen Tonfall – man könnte das Buch zu den Mundartdichtungen zählen, denn nur wer es sich im Dialekt vorsagt, begreift den Charme dieser politischen Dichtung. Varnhagen, dem Bettine Teile daraus vortrug, notiert im Februar 1842 in sein Tagebuch: »eine herrliche Komposition, worin sie die Mutter Goethe's die tiefsinnigsten, kühnsten, schlagendsten Sachen über Hof und Fürsten, Kirche und Glauben, Regieren und Volkswesen aussprechen läßt, in glücklichstem Humor vorgetragen.«

Fürstenerzieherin bleibt Bettine in ihren Briefen an Friedrich Wilhelm, selbst nach der Enttäuschung der Märzrevolution: »Aber die Zeit von heute ist die Zeit der Ideale, und keine anderen staatlichen Ansichten sind mehr praktisch. Das Ideale ist allein tunlich und wurzelfassend, weil es allein nach allen Seiten hin gerecht und auch nachsichtsvoll vermittelnd ist!« Gerade weil es in Deutschland nicht so steht, gibt der folgende Brief an den König vom 26. Juni 1849 einen melancholischen Rückblick auf die Hoffnungen, die nicht nur Bettine zerronnen sind.

Wie lieblich war mir Berlin damals! Wie heiter, wenn die Sonne hochstand und ich ging durch den Schloßhof, wo ich mir dachte, dort wohne einer, der frei und groß sich über alle Schicksalslagen erhebe! Und damals in den ersten Regierungsjahren waren Tage, wo ich dem nicht widerstehen

konnte, in seiner Nähe mich zu befinden, begleitet von irgendeinem bescheidnen Freund durchwandelte ich an Mond-
abenden die Gärten von Sanssouci. Da hatte ich Gedanken, die mich ergötzten, und Schicksalsahnungen, von denen
dachte ich, es sei mein Beruf, Gedanken auszutauschen mit
dem König!

*Der Brief fährt fort mit einer Beschwörung des Königs und
der Bitte um Befreiung der politischen Gefangenen.*

Ich fühle – es hat sich seitdem manches dazwischen gedrängt
und wird auch zukünftig manches anders erscheinen, als es
wirklich ist! – Wenn aber Euer Majestät meinen, daß ich je
ein andres Interesse gehabt als das Ihrige in allen Anliegen,
so geschieht mir unrecht. – Weil auch das Geringscheinende
auf große Weise geschehen soll, so war es mir immer am
wichtigsten für den König, und die Bitte für den Gefangenen
um Gnade ist auch für das Gewissen des Königs, daß es hell
und wolkenlos zum Himmel hinansteige, – und nicht dieser
Gefangne, aber allesamt sollen die Glorie Ihrer Großmut
schützen und stützen. Und ich dachte, das Leben sei nur ein
kurzer Tag, und wie bald die Nacht hereinbricht, die einem
andern Tag vorangeht, und ich dachte, es wäre schöner als
alles, wenn der Nachruhm einer verzeihenden Milde das Andenken Euer Majestät verkläre!

*Bettines politisches Ideal stammt aus der Zeit ihrer Jugend.
Sie tritt zwar für die Befreiung des Volkes ein, der Befreier
aber soll der König selbst sein. Ihre romantisch-wider-
sprüchliche, liberale und zugleich konservative Gesinnung
vermeint im Scheitern des Frankfurter Parlaments geradezu
eine Chance für die symbiotische und von alters gegebene
Einheit von Volk und König zu entdecken.*

Absolutheit, das Rätsel unsrer gefahrvollen Lage, es ging von Hand zu Hand wie ein Portefeuille, und jedes Minister-gespenst proklamierte seine traurigen unverantwortlichen Beschlüsse darin, und der König war das verantwortliche Gewicht derselben, er war sich selber entfremdet durch dieses Hexenwesen! O wie oft hat dieses gespenstische Ministe-rium öffentlich und in mannigfacher Weise den merkwürdi-gen Spruch des Zauberlehrlings auf seine Mißlichkeiten an-gewendet: *Besen, Besen, sei's gewesen.* Ja, sooft ihnen das Wasser an den Kragen ging, da wußten sie ihre Unverant-wortlichkeit auf den Besen zu übertragen. – Und welche son-derbare Phänomene noch in der Absolutheit des Königs spuk-ten, die alle dem Wirken der Geisteskräfte, des Mutes und der Aufopferung in den Weg traten, das ist nicht zu ermes-sen. Sollte aber eine Absolutheit bestehn als nur in unsterb-lichem Wirken, im Vertrauen zwischen Fürst und Volk? – Ein absoluter König kann nur sein als reines Willensorgan des Volkes, das in ihm seine Kraft, sein Gut, seine Größe und moralische Würde geborgen findet.

Unbedeutend zwar ist mein Schreiben, was ich hier an Euer Majestät wage, ich habe oft gekämpft in mir, ob in die-ser letzten Zeit ich mich in Erinnerung bei Euer Majestät bringen solle, allein ich kam mir zu unbedeutend vor ge-genüber von so großen Ereignissen und hatte nicht die Über-zeugung, meine Ansichten und Zukunftstheorien in ein gün-stiges Licht zu setzen. Ich schreibe hier nicht, weil ich dem Gesagten einen Wert beilege, ich schreibe auf die Mahnung eines edlen treuen Freundes des Königs, der sich vielseitig über ihn aussprach über vergangne Zeiten und köstlich mit ihm verlebte Stunden, und der mir schmeichelte, alles, was ich meine, sei gut und wahr und wichtig und würde des Königs Blüte über alle Regierung und Gewalt hinausbrin-gen, und es würde heilsam gewesen sein, hätte ich in innigerem Verkehr mit Euer Majestät gestanden. – Obschon ich meine Schwäche zu wohl erkenne, um solchen freundlichen Äußerungen eines edlen und allgemein gewürdigten Staatsmannes und bewährten Freundes des Königs Glauben beizumessen, so haben sie doch einen Feuerbrand in meine Seele geworfen und mir Vorwürfe gemacht, daß ich meinem früheren heißen Antrieb zu Euer Majestät nicht auch in diesen Zeiten gefolgt war und ich in diesem Schreiben nichts andres will, als die Pietät meiner Seele offen vor Euer Majestät darzulegen, so begeistert mich doch auch das, was dieser Freund des Königs, der Minister *Schön*, zu mir prophetisch aussprach: die Regierung Euer Majestät allein sei berufen, Deutschland unter seinem Zepter zu vereinigen; sooft die Gelegenheit ihm geboten worden, sooft sie versäumt worden sei, stelle sich diese große Aufgabe ihm immer aufs neue. Ein solcher wichtiger Moment sei wiederum jetzt im Begriff einzutreten, die nationalen Hoffnungen auf das Frankfurter Parlament und Reichsverweser seien gescheitert, Großes sei zu tun, nur von Preußen könne es getan werden. Dazu gehöre aber, daß Preußen alle Erwartungen übertreffe, daß es an die Spitze der nun einmal unvermeidlichen Bewegung zur Selbstregierung des deutschen Volkes trete. Der König müsse mit vollen Händen geben und alles werde ihm zufallen, sein Leben, das bestimmt sei, die siegesreichsten Taten zu vollziehen, könne nicht in kleinlichem Feilschen um Prärogative verkommen, deren Besitz doch nie genossen werde, und deren Erstreitung das Volk verbittere und verwildere. Die Volkspartei werde *dem* König zufallen, der ihm erlaube, Deutschlands Einheit seinem Zepter zu erobern; die Wahl könne nicht zweifelhaft sein, wo es gälte, sich zu entscheiden, ob man in Harmonie mit dem Volk Kaiser von Deutschland oder – im günstigsten Fall – *souveräner* Markgraf von Brandenburg sein wolle.

Geschickt insinuiert sie Friedrich Wilhelm IV. die Vorstel-
lung, seine monarchische Größe werde sich gerade darin
zeigen, daß er die nationalen und demokratischen Ideen
eines in seiner Person vereinten deutschen Volkes repräsen-
tiere.

Es gibt eine freie Gunst und Güte, aber auch eine aus der
Reife des Geistes ersprießende Milde und Seelengröße, die
alle Verschuldung wieder gut macht; diese Seelengröße der
Nachsicht, der Versöhnung mit dem Volke erwartet die Geschichte unserer Tage von dem König.

Großes von sich fordern und ohne Zagen es ausführen,
das hab ich ja immer von Euer Majestät erhofft! Oder sollten jene recht behalten, die ihren verwegnen Maximen das
Verderben aller zum Opfer bringen und sich einbilden, den
Weltengenius wie ein wildes Füllen in die Reitschule zu nehmen? Wie in Prag – in Neapel! – Das Gewissen des Königs
wird nicht gestatten, daß die Sünden einer früheren Politik
an dem Volk gerächt werden.

Und diese Camera obscura eines einigen Deutschlands, in
der alles sich wiedergibt, nur nicht das lebendige Prinzip der
Bewegung, in der alles sich verkleinert und zusammenzieht,
aber nicht die Narrheit derer, die in diesem politischen Pup-
penspiel sich herumschlagen; denn diese dehnt sich weit aus
in ihren Verhandlungen und in ihren Beschlüssen zeigt sie sich
groß; sollte der König sich da hineinfügen? – Da doch der
wahrhaft Begeisterte mit Vorempfindung dessen, was kommen wird, das wogende Meer der Menge durch eigne Sym-
pathie zur Einheit bildet! Warum sollte Euer Majestät nicht
gelingen, was die Klugen, die Guten alle wollen und stützen
werden?

Über die Rolle einer Bittstellerin beim König kam Bettine nicht hinaus. Um einer Emma Herwegh ähnlich zu werden, die an der Seite ihres Mannes für eine radikale Demokratie kämpfte und nach dem Scheitern dieses Plans ins Exil ging, war sie zu alt und zu intellektuell. Ihre Generation, die romantische, glaubte an die bewegende Kraft der Ideen. So ist auch für die politischen Unternehmungen Bettines der Brief das einzige Medium, sieht man einmal von dem Versuch des sogenannten »Armenbuches« ab. Angeregt durch den Schweizer Lehrer Heinrich Grundholzer, der 1844 in Berlin erschien, um sich dort weiterzubilden, und der, von der Armut der Großstadt erschüttert, daranging, in den Häusern der Armen einzukehren und ihre Not aufzuzeichnen, sammelt auch Bettine Dokumente über die Armut in Preußen und Schlesien. In das Buch für den König fügt sie im Kapitel »Erfahrungen eines jungen Schweizers im Vogtland« die Ergebnisse der Untersuchungen Grundholzers ein. Sie selbst annoncierte 1844 in der Magdeburger Zeitung, man möge ihr Materialien für ihre Dokumentation zusenden. Diese aber wurde nie veröffentlicht.

IV
Rückkehr in die Jugend
Dem Prinzen Waldemar

Mit ihrer letzten Publikation kehrt Bettine in die allerfrühe-
ste Jugend zurück. 1848 veröffentlicht sie ihre Korrespon-
denz mit dem Bruder Clemens Brentano unter dem Titel
»Frühlingskranz«. Wie kein anderes, so hatte sein Vorbild
ihren Charakter geprägt; es verwundert daher nicht, daß die-
ses Werk so gut Dokument wie Gedicht ist. Es vereinigt, was
sich in ihrem Leben zutrug, und das wenige, was sich von
ihren Hoffnungen erfüllte, wie in einer Summa. Die Jugend-
briefe geben dem Programm des Lebens, das offenbar
nachträglich in sie eingefügt wurde, eine ungewöhnliche
Frische.

Im ersten Abschied des Bruders wird sich Bettine der
Liebe bewußt, die sie an ihn bindet.

Dein freundlich Abschiedsblättchen hat mir die Großmama
nicht gegeben, ich hätte es vielleicht nie erhalten, wär ich nicht
durch Zufall an den Ort gekommen, wo es lag und schon
eröffnet war.

Sieh, ich hab Dich so lieb – Du bist so gut – ich möchte
Dir alles sagen, um daß Du mir lehrtest, was mich gut und
Dir lieb machen kann.

Der Anfang Deines Briefchens sagt mir zum letztenmal
noch einmal Lebewohl! – Werde ich Dich denn lange, lange
nicht wiedersehen? und stehe weit zurück von allem, was ich
liebe? – Und andre gehen dazwischen hin und her, die gleichgültig sind für Dich und mich! – Die Frankfurter Allee hat

allen Glanz verloren, sie ist ganz öde in der Nebelluft, denn weil Du jetzt nicht mit dem Abend dort mir entgegenkommst! – So war doch der Morgen immer auch noch schön, wenn Du am Abend dagewesen warst. Weil Du willst, ich soll früh aufstehen wegen dem Gold der Morgenstunde, so wollt ich es ihr aus dem Mund nehmen und lief früh mit der Dämmerung schon durch die Allee, wo all Deine Tritte in den Kies geprägt und schön bereift waren, wär ich später gegangen, so hätten die Marktleute drauf herumgetrampelt. Ach, die langen Winterwege, die Du gemacht hast, mir zulieb alle! – Aus dem lustigen Haus, wo die Geschwister und Hausfreunde zusammen Witze machten, heraus über die Schneefelder, auf der kalten, einsamen Hoftreppe, wo wir die Winde zusammen flüstern hörten. Und im Schneegestöber bist Du wieder allein in der Nacht den langen Weg nach Haus gewandert! – Ja, Du willst, daß ich Dich immer so liebe, wie Du mich liebst. Und wärst Du doch ganz nah bei mir und könnt Dich ans Herz drücken dafür, daß ich in Dir finde, was ich vergebens in andern suchte, ein Gespräch, wo die Seele in der Pforte steht, in ruhender Stellung zwar, aber so hingebeugt zum Nachbar, so sanft lockend, daß der auch sich ausspreche. – Ich war in Sorgen um Deinen langen, einsamen Weg in der Nacht, die Sterne haben wohl noch mit Dir fortgeplaudert! – Adieu, mein *Clemens*, leide immer, daß ich ein wenig an Dich schreibe, und wenn meine Briefe auch unbedeutend sind, es macht mich doch so froh! – Kann ich Dir auch abgebrochene Gedanken schreiben, wie wenn ich mit Dir schwätzte, wo Du mir immer Antwort gabst, eh ich's ausgesagt hatte? – Ach, wie willst Du mir Deine Briefe schicken, die Großmama gibt sie mir vielleicht gar nicht!

⟨…⟩ Ich frage, weil, ach weil ich in Gedanken so sehr, so ganz wahr und wirklich bei Dir bin, weil ich Deine Gitarre höre im Geist und Deine Stimme ihre feurigen Lieder dazu dichten. *Clemens*, Du bist so gut und so schön, wenn Du singst, bist Du so besonders liebend noch dazu, und mir der Liebste, der Trefflichste, nicht aller Menschen, denn Menschen kenne ich, glaub ich, gar nicht, mir sind sie nicht aufgestoßen, das lieblichste *Du selbst* bist Du mir, die andern sind mir kein Selbst, sie sind zusammengeliehene, durch Umstände und Eigenheiten, die ich besser noch Verkehrtheiten nenne, entstandne Unselbstheiten. Eine grüne Wiese mit tausend goldnen Blumen, die all auf ihren feinen Stielen im Abendschein wanken, und ein *Clemens*, der über die grüne Wiese so stolz am Ufer vom stolzen Rhein hingeht und fährt so rasch über die Saiten und singt so feurig und weich seine Liebe.

Die alte Bettine bekennt sich gerade deshalb so heftig zu dem geliebten Bruder, weil das Leben die Geschwister getrennt hat, vor allem nachdem Clemens Brentano zum Katholizismus übergetreten war und im Alter, bei vollem Verstande, mit einer die Narretei streifenden Frömmelei seine Umgebung zu tyrannisieren suchte. Von einem Badeaufenthalt in Schlangenbad berichtet Bettine in einem originalen Brief im August 1824 Achim von Arnim von den Auftritten des Bruders.

Dieser scheint mir wirklich sehr bedauernswürdig, kein Mensch mag ihn leiden in der Familie, weil er einen immer ausfragt, um es dem andern zu erzählen, was dieser von ihm denke. Mit Prophezeiung und Vorauswissen giebt er sich auch ab, aber nicht eher, als bis man es ihm gesagt hat, dann behauptet er, es längst gewußt zu haben, kein Mensch glaubt ihm ein Wort, obschon er immer seine Seligkeit zum Pfande setzt, daß es wahr sei; er hat viel weniger Konsequenz wie je, was er in diesem Augenblick beschwört, verleugnet er im nächsten. Er möchte gar zu gern seine mühsam zusammengebrachten Beschreibungen des Lebens Christi p. p. vortragen; ich habe mich gehütet, ihm den geringsten Lust dazu zu bezeigen, obschon ich glaube, daß viel Interessantes sein wird, so traue ich meinen reizbaren Nerven nicht zu, seine überspannte Lügenwelt zu ertragen; er fühlt es, daß ich mich zurückziehe und ist ganz böse, aber er hat mir schon gar viel Skandal gemacht, so daß ich mich vor ihm hüte, und dann ist mir auch die Sache zu heilig, als daß ich ihm meinen Unglauben verbergen möchte, und die Wahrheit würde er doch nimmermehr vertragen. Er hat einen ganzen Kasten voll blutiger Lappen, die durchaus keine Wunderkraft an sich haben, und daher nichts mehr sind, als was sie scheinen; wären sie nun mit der guten Nonne begraben, so wär es gut, jetzt aber läuft alles, wenn er einen vorzeigt, davon und ekelt sich vor ihm und ihr. Er hat allerlei bunte damastne Lappen, wahrscheinlich von alten fürstlichen Sofas p. p. in Gebetbüchern liegen, von denen er behauptet, es sei von den Kleidern der 3 Könige und der heiligen Magdalene; ich frug ihn wo er sie herhabe, »die Nonne hat sie gefunden« war die Antwort, die ganze Autorität liegt nun darin, daß er diese Gott weiß wo gefundenen Lappen, die aber noch nicht 100 Jahre alt sein können, ihr vorlegte, und daß sie solche wahrscheinlich auf sein eigenes leuchtendes Antreiben taufte. Er ist unruhig und schwankend in allem, was er tun soll, die Lüge fließt ihm immer vor der Wahrheit aus dem Munde, so daß, wann er dies für inspirierten Zustand hält, er allerdings immer Sachen sagt die er nicht erfahren hat als nur durch Eingebung. Dem Franz hat er von der Tonie Dinge gesagt, die diese berechtigten, ihn aus dem Hause zu stoßen, so hat er ihn auch gegen sein Sohn George aufgebracht, welches ihr sehr viel Kummer macht; den Töchtern erzählt er immer von ihrer sündhaften Natur und daß der kranke Sohn eine Strafe für ihre Sünden sei; sie sollen für sie beten, damit sie sich bessere. Da nun der kranke Karl täglich besser wird so behauptet er gegen Andere, es käme von ihm und seinem Gebet und man wäre sehr undankbar gegen ihn. Letzt ließ er den Schneider kommen, um sich einen feinen schwarzen Rock machen zu lassen; er verlangte große, sehr große Taschen, denn er müsse Eier darin herumtragen für die armen Leute; als der Schneider ganz bekümmert war über die ungeheuere Taschengröße machte er's immer ärger und verlangte eine hinten und eine vorn, wo kein Mensch Taschen trägt, immer mit dem Bedeuten, daß er nicht zur Ehre des Menschen, sondern zur Ehre Gottes den Rock machen lasse, und daß er durchaus bequem Eier darin transportieren wolle ohne Risiko, sie zu zerbrechen. Der erstarrte Schneider wagte kein Wort vorzubringen und ließ sich die Taschen anempfohlen sein; da er aber sichs gefallen ließ, die Taschen nach Befehl zu machen und wegging, rief ihn Clemente zurück und sagte: Machen Sie den Rock, daß er gut sitzt und nach der neuesten Mode, denn es ist feines Tuch, und lassen Sie es vorderhand bei gewöhnlichen Taschen bewenden.

Aufgeklärt, wie sie – trotz aller romantischen Pose – war, konnte sie sich über die pfäffische Gleisnerei ihres Bruders nur ärgern, der den Fiktionen der Poesie entlaufen war, um dem katholischen Aberglauben zu verfallen. Nach dem Tod Arnims und der Nonne Katharina Emmerick, der Clemens gedient hatte, näherten sich die Geschwister jedoch wieder einander an. Die Familie, die sich der Krise erinnerte, mochte, als Bettine ihre Absicht bekanntgab, den Briefwechsel zu publizieren, eine öffentliche Kompromittierung Clemens' fürchten. Der Bruder Georg schreibt deshalb im Früh-

jahr 1844 an Bettine: »*Ich bitte Dich mit Tränen in den Augen, und im Namen sämtlicher Geschwister hier, verschone die Asche u. das Andenken Deines frommen Bruders.*« Bettine berichtet im Februar desselben Jahres ihrem Sohn Siegmund vom Widerstand der Familie: »*unter anderem hab ich ein Gesamtschreiben der Familie aus Frankfurt zu beantworten, die mich mit viel pietistischen Tränen anfleht doch ja nicht meine Korrespondenz mit Clemens herauszugeben.*«

Bettine jedoch bereitet sich das Glück, die Jugend mit dem Bruder noch einmal in ihrem Buch zu erleben – als wäre die Zeit einer Entzweiung nie gewesen – und die Ideen ihres Lebens, die sich später erst entfalteten, als Keime dort entspringen zu sehen. Jugendlicher Übermut und energische Zuversicht machen, samt den witzigen Einfällen Clemens Brentanos, den »Frühlingskranz« zu Bettines schönstem Buch. Sie hat das Buch dem preußischen Prinzen Waldemar gewidmet, einem Freund ihrer Söhne, der den liberalen Ideen gegenüber aufgeschlossen war. In ihm, so mochte sie hoffen, sollte die vergangene Idee einer romantischen Freiheit von Individuum und Volk einen fürstlichen Anwalt in der Gegenwart finden.

Die rückwärts gerichtete Prophezeiung gilt den Revolutionen des 19. Jahrhunderts, die Bettine schon in der Jugend geahnt haben will.

Ich bin heute so munter, ich möchte noch mehr schwätzen! Meine Augen sehen im Dämmerlicht sehr hell, ich schreib gern bei Mondschein, da kann ich so vergnügt im Zimmer auf- und abgehen. Am Himmel tragen die Wolken ihre Begebenheiten mir vor, sie ballen sich zusammen und türmen sich und schreiten auseinander und steigen und kreuzen sich und lassen sich nieder, kurz es ist ein Staatsleben unter ihnen. – Am meisten seh ich die Revolutionsereignisse drin!

Wollt ich prophetisch sein, ich würde mich an die Wolken halten! – Nicht, daß sie wirklich Geschicke ausmalen könnten. Aber der Geist kann sich selber ahnen, selber erkennen und sich selber hinüber erzeugen in das, was er sich vorstellen kann. Gewiß kommt einst eine Zeit der Erlösung, wo nicht mehr einer die Wahrheit prophetisch oder ahnungsweise vorträgt, sondern wo die ganze Welt zugleich weiß und empfindet, was ihr Lebensnahrung gibt, und wo sie drin wuchert, wie im üppigen Boden die Pflanzen und Früchte wuchern! – Gedeihen des Geistes ist eine über alle Vorsichtsmaßregeln und Begriffe und Bedeutungen hinausstrebende Kraft.

Auch die Worte, die sie für die Gleichberechtigung der Juden findet, kann man sich schwer im Mund einer Achtzehnjährigen denken, sie müssen eine Interpolation der politisch bewußten Frau sein (zumal Clemens von antisemitischen Aversionen nicht frei war).

Ja, ich müßte Dir von meiner Verwunderung sprechen über alles, was ich sehe und höre in der Welt! Über die Lehren, die jene Leute mir geben, die mich zu einem angenehmen und liebenswürdigen Mädchen erziehen wollen. Das kommt mir aber gar nicht angenehm, sondern sehr horribel vor, was andre Leute wohlerzogen oder gebildet nennen. Ach, und Du meinst, ich könnte diesen Anstandsforderungen genug tun? – Ach, *Clemens*, weißt Du, daß mich dies alles ganz dumm macht? – Ich verstehe entweder Deine Briefe nicht, oder alles, was Du willst, läuft stracks dem zuwider, was jene heischen! – Und ist das nicht eine sklavische Art des Seins, *vor andern Menschen sich zu benehmen,* und wird die Seele sich nicht an das Knechtische gewöhnen, die den Konvenienzen auf Kosten ihrer reineren Gefühle nachgibt! – Ich bin so ärgerlich, es hat mich was gekränkt. Das junge

Mädchen, was uns sticken lehrt, ist eine Jüdin, sie heißt *Veilchen*, es ist ein recht liebkosender Name, und ich fand letzt das erste Sträußchen ihrer Namensvettern zusammen, da ging ich ganz früh zu ihr, um sie damit zu überraschen, ich fand sie auf der Treppe mit dem Besen in der Hand, sie war beschämt, ich aber gleich nahm ihr den aus der Hand und sagte: »Ach, lassen Sie mich auch ein bißchen kehren.« Da kam so früh schon, denn es war noch nicht sieben Uhr, der Hofmeister vom *Eduard Bethmann* vorbei, der mußte es der Tante gesagt haben, daß er mich vor der Haustür eines Juden auf offner Straße kehrend fand – ich muß jetzt lachen; denn es ist auch recht lächerlich – ich will Dir die derbsten Ausdrücke von der Tante ihrer Merkuriale ersparen, sie meinte nur, ich sei verloren, für ein besseres Dasein verloren, ich habe mich gänzlich weggeworfen! Vous n'avez point de pudeur, point de respect humain, on vous trouve balayer la rue main en main avec une juive! Ich mußte lachen! Nein, ich konnte nicht anders. Du weißt, ich fürchte die Tante und mag sie nicht gerne beleidigen oder reizen! Cachez vous devant le monde, qu'on ne lise point sur votre front les deshonorants signes de votre effronterie. Ach, ich mußte noch einmal lachen, die Tante ging hinaus! Ich hätte sie gern wieder gutgemacht, keine Möglichkeit, ich fühlte, daß ich mich nicht ernsthaft stimmen konnte. Die Bahn war plötzlich gebrochen, ich glaube, ich werde nie wieder dazu kommen, ihre Anstandsregeln zu respektieren. – ⟨...⟩ Sie weiß nichts davon, zum Tanze zu gehen oder schön geputzt in Kleidern auf den Freier zu warten. Und ich wollte da ein kleines unschuldiges Fädchen anspinnen ins Gewebe der Welt, ein einzig klein Fädchen, und – nein, ich soll's abreißen, weil sich's nicht schickt. Ach! wo soll ich in der ereignisvollen Welt meinen Faden anknüpfen, wenn das Einfachste gegen den Anstand ist! – Wer hat diese Lügen gemacht?

Die Neckereien mit der Günderode hingegen – wer von beiden Freundinnen den schönen Achim von Arnim mehr liebe – mögen einen wahren Kern haben und ebenso im darauf folgenden Brief das Bekenntnis Bettines zu Clemens, den sie mehr liebe als jeden anderen.

Der *Arnim* sieht doch königlich aus! – die *Günderode* auch; der *Arnim* ist nicht in der Welt zum zweitenmal, die *Günderode* auch nicht. Die beiden gehen da nebeneinander an diesem schönen, heitern Abend! Aber dort kommt ein Gewitter! Die Winde kehren vor uns den Weg, wir müssen eilen! Wir fangen an zu traben, wir wollen eben in Galopp uns setzen, ergießt das schwarze Gewölk sich über uns, unten blitzt es, die Donner schlagen ihre Wirbel. Wir erreichen einen dichtlaubigen Kastanienbaum, die Regenflut läuft an seinen breiten hängenden Ästen hinab, dicht am Stamm ist's trokken. Der *Arnim* breitet seinen grünen Mantel um uns, die *Günderode* hat mit dem Kragen den Kopf geschützt, ich konnte es aber nicht drunter aushalten, ich mußte sehen, was am Himmel passiert. Da zogen die Regenschichten nacheinander vorüber, es war ein Gewühl. Ganz so stell ich mir das Wetter vor unter der Erde, wenn da ein Postament von Wolken wär, auf dem sie thronte. – Kurz, es war entweder das unterste Naturgestell, was mit dem Gewand ihrer Farben und Schönheitsschmelz verdeckt ist, und sie hatte dies ein bißchen zu hoch geschürzt, oder es war die Kehrseite der Kulissen, hinter die man wirft, was nicht soll an Tag kommen. Aber Nacht und Dunkel kommt ja auch an den Tag; um so heller *der* leuchtet, um so dunkler *sie* uns droht. – Ein Weilchen gefiel mir dies böse Abenteuer. *Arnims* wunderschöne Jugendnähe elektrisierte mich, ich opponierte dem Gewitter mit allerlei vom Zaun gebrochner Philosophie, die nicht Hand und Füße hatte und nasse Flügel, die ließ sie hängen. – Wir gingen weiter, jetzt, wo der Wind die Wolken ins Gebet nahm, rissen sie aus. Die *Günderode* wurde ins Bett gesteckt, wir sollten die Nacht dableiben. Wer war froher wie ich. Eine schöne Sommernacht unter einem Dach mit dem *Arnim*, mit *Günderödchen* durchplaudert, – doch haben wir uns gezankt. Wir stiegen die Leiter der Begeistrung hinan in unserm Nachtgespräch, eins überhüpfte das andere, oben zankten wir einander, daß wir nicht in ihn verliebt seien, dann zankten wir einander, daß wir kein Vertrauen hätten, und wollten's nicht gestehen, daß wir ihn doch liebten, dann rechtfertigten wir uns, daß wir es nicht täten, weil jede geglaubt hatte, daß die andre ihn liebe, dann versöhnten wir uns, dann wollten wir großmütig einander ihn abtreten, dann zankten wir wieder, daß jede aus Großmut so eigensinnig war, ihn nicht haben zu wollen. Es schien ernst zu werden, denn ich sprang auf und wollte mein Bett von dem ihrigen wegrücken aus lauter Zorn, daß sie den *Arnim* nicht wollte. Auf einmal hörten wir husten und sich tief räuspern. Ach, der *Arnim* war durch eine dünne Wand nur von uns geschieden, er konnte deutlich alles vernehmen, er mußte es gehört haben, ich sprang ins Bett und deckte mich bis über die Ohren zu. Uns klopfte das Herz wohl eine halbe Stunde, keins muckste mehr die ganze Nacht. – Am andern Morgen früh um sechs Uhr sah ich zum Fenster hinaus den *Arnim* schon unter den Linden spazierengehen. Jetzt wollten wir doch probieren, ob er uns gehört könne haben. Ich ging ins Nebenzimmer, die *Günderode* sprach ungefähr dasselbe und ebenso laut wie am Abend. Ich legte mein Ohr an die Wand und hörte teilweis', aber nicht alles; als ich aber sah, daß sein Bett gerade an der Tür stand und daß das Schlüsselloch mit dem Kopfkissen auf gleicher Höhe stand, und daß man da alles deutlich hören konnte – wie zwei marode Schiffe, die eben gescheitert sind an der Sandbank, die sie solange ängstlich umschifft hatten, guckten wir uns an. Wir mußten zum Frühstück! – Wir setzten uns mit dem Rücken gegen die Tür, um ihn nicht gleich sehen zu müssen, was half der eine Augenblick, wir mußten ihm ja doch die Sträußchen abnehmen, die er eben aus dem Feld mitbrachte, Vergißmeinnicht! – Ach, nun war's gewiß, daß er's gehört hatte. Ach, *Clemente*, es war recht wunderlich! – Das war gewiß so ein Gefühl, was man Verlegenheit nennt! – Ich nahm die Gitarre von *Gunda* und sang »Das schmerzt mich sehr, das kränket mich, daß ich nicht genug kann lieben Dich«. – Der *Arnim* gab mir seinen Handschuh und bat, den zerrißnen Daumen zu flicken. – Ich hab's getan, *Clemente*. Ach, aller Anfang ist schwer, der Handschuh duftete so fein, so vornehm. – Ein grauer Handschuh von Gemsleder, ich habe ihn mit Hexenstichen benäht, er zog ihn gleich an, den linken Handschuh aber ließ er liegen und promenierte mit seinem Stock neben uns. Ich warf seinen vergeßnen Handschuh unter den Tisch, ich dachte, da mag er liegen, wenn er ihn zurückläßt, dann heb ich ihn zum Andenken auf; denn er geht ja morgen fort. *»Wird nicht wiederkommen, wird nicht wiederkommen, das tut mir weh«* – ich hab ihm dieses alte Volkslied vorgesungen, es hat ihm sehr gefallen. –

Der *Arnim* ist fort! – er hat den Handschuh zurückgelassen. Gestern nahm er Abschied, und gestern leuchteten noch die Sterne uns beim Heimgehen, er suchte einen Stern aus, den wir alle drei wollten sehen, wenn wir aus der Ferne aneinander dächten. ⟨...⟩ Lieber *Clemens*, gestern nahm *Arnim* Abschied, und gestern schrieb ich dies nieder, und heut bin ich wieder ruhig über die Sternengeschichte, denn mein Gewissen würde mich dann ewig geplagt haben, ob ich auch zu rechter Zeit nach dem Stern sehe. Ich würde am End jeden Tag eine ganze Stunde meinen Kopf haben in die Höhe halten müssen, es wär eine Pein gewesen, um gleich des

Kuckucks zu werden. Ich wollt, Du wärst bei mir, ich hab Dich doch ganz allein lieb, und so lieb wie mich hast Du niemand anders. – Wenn Du auch noch so sehr meinst, Du müssest über Deine Liebschaften verzweifeln, weil immer keine Gegenliebe dabei herauskommt. Es ist einmal so, die Menschen machen sich nichts aus uns beiden, und wenn wir ihnen ebenso vorkommen, wie sie mir alle zusammen vorkommen, dann ist's ihnen nicht zu verdenken; denn so albern sind sie wohl, daß sie uns ebenso absurd finden, als wir gescheit sind, sie närrisch zu finden. Aber vom *Arnim* tut mir nichts leid, als daß ich so kalt Abschied von ihm genommen hab, ich fragte ihn lachend, ob es ihn dann gar nicht rühre, daß er nun weggehe, und es war mir doch gar nicht so ums Herz. Ich hätte viel lieber Abschied von ihm genommen wie von Dir, nicht wie von einem Fremden, der mich gar nichts angeht.

Auch die koketten Scherze, von denen die Briefe erzählen, mögen erste Versuche der jungen Bettine gewesen sein, durch ein ausgefallenes Verhalten auf sich aufmerksam zu machen, denn schließlich war aufzufallen ihr Stolz ein Leben lang. Ohne Erzählung wären die Extravaganzen so gut wie nicht gewesen, und schon deshalb ist der Briefwechsel mit Clemens eine Einübung in Künstlerlaunen.

Aber doch wend ich zur einfachsten Frage mich, »was ich mit meinem Geld anfange«, und gebe Dir die dummste Antwort, wo Du gleich meinen wirst, ich wär närrisch. *Ich habe das Geld verschatzgräbert!* – Ja, *Clemente*, ich hab's in ein klein leinenes Beutelchen gesteckt, worauf ich mit Goldfaden und roter Seide meinen Namen gestickt hab und noch allerlei kabbalistische Zeichen; ich hab's zugesiegelt mit einem schwarzen Siegel, einem grünen und einem roten, dann hab ich ein Loch gegraben zwischen den zwei starken Wurzeln der Pappel an der Rosenwand, da hab ich's in einen ledernen Schuh hineingeschoben und einen Topf mit einem Basilikumstrauch drauf gestellt, und allemal, wenn ich Geld kriegte, wechselte ich davon in Gold um und allemal, wenn der Mond schien, ging ich mit dem Spitz hin und legte es dazu, und dabei hab ich das Gelübde getan, ich wolle es verschweigen, und weil Du mir das Schweigen so sehr anempfiehlst, so erzähle ich Dir das einzige Geheimnis, was ich hätte verschweigen können, und nun ist alles leer an Geheimnis, und ich kann also nichts mehr verschweigen! – Denn sonst, – mit dem Mund bloß nicht reden, das ist's doch nicht, was Du meinst, da die Tante sich alle Mühe gibt, mir abzugewöhnen, daß ich nicht wie ein stummer Ölgötze den Leuten in den Mund gucke, die mich etwas fragen. – Ja, mit meiner Schatzvergrabung, davon will ich Dir noch forterzählen, weil ich's nun doch schon gesagt hab. Ich habe dies Geld der *Selene* gewidmet, der Himmelsschwester des *Hesperus*, diese beiden sind unsre Schutzpatrone, der Stern ist der meinige als Bruder, der mich abends immer besuchte, der Mond ist der Deine, der Dein Andenken oft mit seinem Schein mir erhellt. Nun hab ich aber dieses Opfer doch der *Selene* wieder geraubt, mit Zagen zwar – ich habe das Geld eilig am Abend ausgegraben und hab's über die Gartenmauer geworfen, in den Garten vom Magnetiseur nebenan, ich hörte es klingeln, wie's hinabfiel, und ich rief dazu so laut als ich konnte, ohne daß man's im Haus hätte hören können: »*Da ist Reisegeld!*« Und dann war mir auch, als hörte ich das Geld rappeln beim Aufheben, aber ich lief fort. – Denn die Tante hatte am Tag vorher bei Tisch erzählt, der Magnetiseur möchte gern abreisen, aber es fehle ihm an Reisegeld. Aber er ist doch noch da, denn ich seh ihn alle Abend noch im Garten gehen und beobacht ihn vom Hoffenster, ich schäme mich so sehr und traue mich gar nicht mehr in den Garten, wo wir sonst als über die Wand allerlei Merkwürdiges verhandelten. Aber nun kommt was Schreckliches, was da passiert ist, mir ist's passiert. – Denk Dir, der alte Schuh, in den ich mein Geld hineingesteckt hatte, um den schönen Beutel zu schützen, war eigentlich ein neuer Schuh, sein Kompagnon stand ganz vergnügt in dem kleinen Kasten bei den andern Schuhen; ich soll abgeholt werden nach Frankfurt morgen früh, die Tante frägt: »Wo ist denn der andre neue Schuh? Das ist große Schlamperei von Dir, einen Schuh zu verlieren, ich muß Dich sehr bitten, strenge Dich an, ihn zu finden,« ich lief in den Garten, ich holte meinen Schuh unter der Pappel hervor, ich wollt ihn ein bißchen reinigen an der Pumpe und versuchte ihm ein Ansehen zu geben, da fällt was heraus, das glänzt in der Dämmerung, ein Ring, ich lass den Schuh stehen, ein dunkler Stein, der funkelt so nächtlich schwarz wie der Blitz des Räubers oder wie *Mirabeaus* Auge vielleicht, und inwendig im Schild steht ein schwarzes M.

Clemens spielt den großen Bruder, der zwei sich entgegenlaufende Erziehungsziele verfolgt: er will Bettines poetische Sensibilität entfalten, wodurch sie sich von ihrer Umwelt entfernt; ist sie aber allzu extravagant, so ermahnt der Bruder sie wieder und stellt sich auf die Seite derer, von denen er sie weggezogen hat. Bettine begriff das erste Lernziel besser als das zweite, auf Ermahnungen, selbst wenn sie vom Bruder kommen, reagiert sie gereizt und lenkt lieber wieder zu ihren Späßen, Diebereien und Harlekinaden über.

Ich habe zwar lange stillgeschwiegen gegen Dich, der Grund aber war kein andrer, als weil die Antwort mir nicht gleich einfallen wollte; ich bin nicht geübt, mich zusammenzunehmen und zu suchen in meinem Herzen nach Antworten. Auf Vorwürfe, die Irrtum sind, auf Sorgen, die mich nicht grämen, auf Fragen, von denen ich nichts weiß. Da denk ich und will noch einmal denken, weil ich ja suchen muß nach Antwort, und weil es ja nicht ist wie in Offenbach, wo ein frischer Wind durch die Pappeln rauschte, alle Blätter zum Flüstern und Plaudern brachte, auch meine Gedanken auf die Flügel nahm und zu Dir hinflog! – Sieh, das ist schuld, daß ich weniger schrieb; der Offenbacher Luftzug, ach, der erhielt mich so frisch! – Ach, die Straßen waren mein, die so sauber morgens in der Frühsonne dalagen, und die roten dunkelroten Granithäuser mit Spiegelfenstern und grünen Gittern. Ach, jetzt erst vermiss' ich alles! Wenn die liebe Domstraße noch in gemächlichen Morgenträumen sich dehnte und ich mit den reinlichen Täubchen allein drin auf und ab spazierte; sie waren mich so gewohnt, sie flogen nicht auf, wenn ich kam! – Und dann waren noch mehr kleine Hauptpläsiere und Schelmstreiche, die auf den ganzen Tag mich glücklich machten. Das war zum Beispiel, wenn ich ging auf Raub nach Rötel für meine Zeichnungen. In dem roten Granit, von dem dort die Häuser gebaut sind, steckt solcher Rötel von verschiedenen Nüancen bis zum stärksten Scharlachrot! Den hab ich in der frühsten Frühe, wo kein Mensch merkte, daß ich die Häuser demolierte, mir beim Herrn Nachbar herausgebohrt und habe dann meiner Flora einen Kranz von Rosen aufgesetzt mit diesem gestohlnen Gut! – Vier Knaben in Rotstift mit Perücken in schwarzer Kreide spielen mit einem Bock in weißer venetianischer Kreide auf hellblauem Papier. – Die Gassenbuben, denen ich sie manchmal aus dem Fenster heraushielt, freute es unvergleichlich, und einer holte den andern herbei; manchmal waren ihrer fünf bis sechs, die baten, ich soll ihnen den Bock zeigen, sie haben mich bewundert. – Hier hat Fräulein *Leonhardi* einen Homer

gezeichnet! – Er wird sehr geschätzt; ich werd's nie dahin-
bringen, einen Kopf zu zeichnen, der so viel Lob verdient
und so wenig Neid, da er grade aussieht wie ein alter Schul-
meister, der die Auszehrung hat und deswegen sehr ärgerlich gestimmt ist. Die Gassenbuben würden vor ihm ausrei-
ßen, aber nicht ihn bewundern wie meinen Bock! – Ach, die
schmutzigen Straßen hier! Wenn in Offenbach ein Platz-
regen kam, sahen da die Pflastersteine aus wie frisch ge-
waschne Gesichter, – hier muß man ein paar Tage durch die
Pfützen patschen! – Aber was schadet das, wenn die Sonne,
die dort sie schnell auftrocknete, nur hier Gelegenheit fänd,
irgend zu einem zu schleichen; solang ich hier bin, hat sie
noch nicht einmal mir das Fenster auf die Dielen gemalt! –
Um solche Dinge muß ich Sehnsucht haben, als müsse ich
aus der Haut fahren. – Ich gehe in die Karmeliterkirche,
setze mich da in die Bank, wo das Kirchenfenster mit seinem
Weinlaub sich auf den Boden malt; der Schatten des Laubes
spielt mir auf dem Kleid, der Wind weht das Blatt herunter,
so fällt Schatten mir vom Schoß, das amüsiert mich so träu-
merisch. – Die Zeit, die ich dort verliere – nicht wahr, ich
könnte sie nützlicher anwenden? Alles ist hölzern, was ich
hier Ernsthaftes beginne! Ich hab nur Interesse an Dummheiten. – Ein innerer Drang, heraus aus der Frankfurter Eier-
schale, die ich durchpicken möchte – in die Kirche gehe ich
ins Hochamt gern. Der *Franz* sagt: »Du bist ja recht fromm,
Mädchen!« – Was zieht mich in die Kirche? – Der Weih-
rauch, es ist doch ein bißchen ein stolzer Geruch! – In den
Straßen riecht es nach Schacher; Sonntags sind die Läden
geschlossen! Was steckt denn hinter diesen eisernen Stäben
und Gittern? – Schacher, Geld! – Was machen die Leute mit
dem Geld? – Ach! Sie geben Diners, sie putzen sich und
fahren mit zwei Bedienten hinten auf. – Gestern erzählt der
Dominikus, daß in Wien immer ein Bedienter von Heu aus-

gestopft ist, das riechen des Fiakers hungrige Pferde; sie schieben dicht an den Staatswagen heran, der Fiaker schlummert, jeder Gaul packt ein Bein der Galahosen und rupft das Heu heraus. Die Schenkel werden dünner, bis nur die Hälfte des Heumannes noch am Wagen hängt; der Herr steigt ein, der andere Diener springt hinten auf neben den Halbmann, dessen Eingeweide der Wind plündert. – Aller Reichtum ist ein ausgestopfter Kerl, mit dem man Parade macht, und die Lungerer sind die Hungerpferde, es ist ihnen einerlei, ob der seine Eingeweide verliert, an dem sie sich sattfressen. –

Du merkst, *Clemens*, daß ich wieder mit allerlei der Beantwortung Deines Briefes ausweiche! – Mich hat zwar dies lange Stillschweigen nicht irre gemacht, ich glaub noch fest, daß ich Dir am nächsten bin. Dein Käfig voll Turteltauben, die Du am Rhein Dir eingefangen hast, die Dir im Kopf girren und gurren und (Bemerkung der *Günderode*) dazu noch andere herbeilockst. Deiner Bruderliebe zapfst Du ein Schöppchen Moral für mich ab. Ich lasse es stehen; denn ich kann keinen Appetit mir dazu anschaffen, aber ich nehme es für genossen an. – Und da muß ich Dir doch wohl beweisen, wie ich das Kleinod Deiner Liebe heilig halte über alle Moral hinaus.

Alles, was die junge Bettine tut, verbindet sich mit einem kleinen Verbrechen. Die Laune, anders, als der alte Drang, originell, und der Mut, gesetzeswidrig zu handeln, sind teilweise Selbstauslegungen der Bettine der vierziger Jahre, der Wildheit des jungen Mädchens aber, die nicht nur erdichtet ist, entspringen alle späteren Handlungen, ihre Übertreibungen, Geschmacklosigkeiten und Kühnheiten. Von Anbeginn an führt sie ihr Leben unter der Flagge der Freibeuterei. Das einzige Thema der Briefe, ob es nun darum geht, nicht zu lernen, leidenschaftlich zu lieben, die Menschen zu foppen oder die Konvention zu brüskieren, ist die Freiheit.

Hinaus in die Welt drängt die Schreiberin in fast allen Brie-
fen, etwa wenn sie Clemens um seine Reisen oder eine der
von ihm bewunderten Frauen um den Ritt auf ihrem Pferd
beneidet.

Es machte mich traurig, ich fühlte mich hier besser und
weniger beschämt als unter den Menschen. Diese Tiere sind
ein Liebreiz der Natur, sie haben Mut, sie schwingen den
wolkenbringenden Winden sich nach in die Lüfte, und alle
Lebensgeister in ihnen sind angefacht. So wie ich mich sehnte
damals, mit den Tauben unter Gewittern die Türme zu um-
kreisen, so hätte ich gestern auf dem Gaul im Galopp dem
gewohnten Schlendrian mich entreißen mögen. Ich hab es
sehr deutlich gefühlt, was diese Frau voraus hat, dadurch
daß sie so einem Reiz kann genügen. Freiheit fühlt sie in
allen Gliedern auf dem Pferd, das sie zu lenken versteht, und
wenn es sich bäumt und steigt und sie läßt so ruhig es gewähren, denn sie weiß, es wird sich gleich fügen, und jetzt
ist sie aufgeregt durch einen Gedanken, so setzt sie dem Gaul
die Sporen in die Seite, und er fliegt wie ihr Geist mit ihr zugleich dem entgegen, was sie erringen möchte. Ach, wie muß
das die Kraft fördern Leibes und der Seele, wie muß das den
Gedanken treiben, daß er gepanzert hervorspringt gleich
und drein schlägt in den Begriff, und wie muß es das Herz
heben, das Reiten? – Nur edlen Naturen gehört das Pferd,
kein Vorsatz konnte mich bewegen, auch keine Vorstellung,
keine Belehrung, keine christliche Moral irgend mich selber
im Zaum zu halten, das Gute zu tun, das Böse zu lassen.
Aber auf einem Pferd, da würde ich zu jeder kühnen Tat,
auch noch im letzten Augenblick herangesprengt kommen,
denn das würde genievolle Begeisterung in mir anregen. Was
ist der Unterschied zwischen Gott und Menschen?

Die Amazone auf dem Pferd ist die Freundin des Bruders,
den Bettine zum Weltumsegler stilisiert. Beide verabschiedet
sie in eine Freiheit, von der sie nur träumen darf – aber den
Traum hat sie in Texte übersetzt; er hat sie zur tempera-
mentvollen Briefschreiberin gemacht.

Es ist jetzt sehr still bei mir, weil Du nun fort bist, ich werd
mich aber bald wieder dran gewöhnen. – Du wirst doch wohl
nicht mit Deinem Freund *Wrangel* nach Rußland gehen! –
Ich rate herum! – Sonst hast Du mir alles gesagt, diesmal
gingst Du mit einem Geheimnis auf dem Herzen! – Ich seh
Dich in Gedanken über's Meer forteilen; das gebührt Dir ja
auch. – Ich ging in andre Weltteile und machte da jede Hütte
auf an Deiner Stelle. – Wie ist das dumm, daß man wie ein
eingesperrter Vogel von einem Stängelchen zum andern hüpft,
von Marburg nach Frankfurt, wieder nach Marburg, zur
Abwechslung nach Jena oder Weimar! – Für was lernt man
Geographie und kann die Welt auswendig auf den Tisch
malen! – Und bleibt hinterm Tisch sitzen, kommt nie in sie
hinein. O, welche schwere Verdammnis, die angeschaffnen
Flügel nicht bewegen zu können; Häuser bauen sie, wo kein
Gastfreund Platz drin hat! – O Sklavenzeit, in der ich geboren bin! – Werden die Nachkommen nicht einst mitleidig
mich belächeln, daß ich mir's mußte gefallen lassen, wenn
wir vielleicht als Geister einstens sklavische Natur uns vor-
werfen! – Wie! Ihr habt den Geist eingesperrt und einen Kne-
bel ihm in den Mund gesteckt und den großen Eigenschaften der Seele habt Ihr die Hände auf den Rücken gebunden? – Ach *Clemens*, gehe Du doch nur immer aufs Meer,
wo jede Welle in die andere fließt! wo nichts noch feste Gestalt hat, wie gewonnen, so zerronnen! Besser, daß alles zer-
fließe, als daß Gestalt gewinne, was nicht ganz Großmut
und Freiheit wäre!

Doppelleben:
Bettine und Clemens

Bettine mußte den Bruder ziehen lassen. Ihr Buch ist ein Epi-
taph für ihn.

Der Briefwechsel beginnt deshalb mit dem Abschiedsbrief
Clemens Brentanos, den sie so gern »Clemente« nannte. Die
Geschwister erscheinen in ihm, als seien sie eine einzige
Pflanze. Die Blüten dieser Pflanze sind Malerei und Musik,
Sticken und Gitarrenspiel. Diese Tätigkeiten bedeuten mehr
als nur dilettantische Beschäftigungen. Sie sind Metaphern
für das artistische Vermögen, zu sein wie alle Welt und doch
zugleich auch besser und schöner. Hätte Bettine in ihrem
Leben lauter »Clementes« und hätte Clemens lauter Betti-
nen gefunden, beider Leben hätte, statt aus Lüge und Ge-
schmacklosigkeit, aus Wahrheit und Stil bestanden.

Clemens Brentanos Abschiedsbrief, der den »Frühlings-
kranz« eröffnet, ist ein Seufzer darüber, welch eine Bettine
hätte sein können ...

Liebe Bettine!
Noch einmal leb wohl. Ich habe wie immer auf meinem
Rückweg noch recht mit Liebe an Dich gedacht und bitte
Dich innig, indem Du stets Dich selbst veredelst, diese Liebe
zu veredeln und zu erhöhen, von der der größte Teil meines
Glückes abhängt, ich habe jetzt außer Dir für keinen Menschen ein ganz lebendiges Interesse, das mir selbst Mut geben kann, mich in die Höhe zu arbeiten. Du gibst mir Kraft
und Mut und Aussicht, wenn Du in allem Guten gedeihest,

denn Du gedeihest meinem wärmeren Anteil an Dir. Suche Dich über das, was man Dir als Pflicht zumutet, zu erheben, mache, daß alles um Dich zufrieden ist. Was Du mehr in Dir fühlst als das gewöhnliche *Bravsein*, dafür hat die arme Welt ja doch keine Ordnung, das mußt Du still in Dir bilden und Gott selbst dafür Rechnung stehen und mit der ganzen Harmonie der Gefühle dafür dankbar sein. Es ist dem vorzüglichen Menschen gewiß sehr leicht, alle gewöhnlichen Forderungen zufriedenzustellen, bequeme Dich ein wenig nach der Alltäglichkeit, und sie wird mit ihren Klagen Dir nicht mehr zur Last fallen. Sei fleißig in der Musik und Zeichnung, es sind die unschuldigsten Organe der Güte und Schönheit. Sei Deinen Geschwistern duldsam und verschließe, was Du mir bist, still in Deinem Herzen, denn die meisten Menschen verstehen das nicht und ehren es daher nicht. Du kannst so nur Dir und auch mir großen Schmerz ersparen, weil es weh tut, wenn das Bessre in uns mißhandelt wird durch den Unverstand. Lebe wohl! Sei recht fleißig am Ofenschirm, damit er bald fertig wird, ich freue mich drauf, daß die Flamme durch sein Gewebe schimmert, und ich klimpere dann auf der Gitarre dazu Lieder und Melodien, die Dein sind.

Dein Clemens

Die Textauszüge sind zitiert nach:

Bettina von Arnim. Werke und Briefe. Hg. Gustav Konrad, 5 Bde. Bart-
mann-Verlag Frechen/Köln 1959 ff.
    Bd. I: Clemens Brentanos Frühlingskranz (S. 9-18, 133-135, 138-154)
    Bd. II: Goethes Briefwechsel mit einem Kinde (S. 19-23, 24-42, 61-64,
    91 ff., 107 f., 111 f., 118 ff.)
    Ilius Pamphilius und die Ambrosia (S. 96 ff.)
    Bd. V: Der originale Briefwechsel mit Goethes Mutter und Goethe
    (S. 24, 43 ff., 59 f., 117)
    Briefe an den Fürsten Pückler-Muskau (S. 49-54, 84-87)
    Briefe an Karl von Savigny und seine Frau Gundula geb. Brentano
    (S. 56 f.)
    Briefe an Freunde und Verwandte (S. 93 ff., 124 f.)
    Briefe an Karoline von Günderode (S. 108 f.)
    Briefe an Achim von Arnim (S. 109 f.)
    Briefe an Friedrich-Wilhelm IV. (S. 123 f., 128-130)

Bettine von Arnim. Werke und Briefe. Hg. Walter Schmitz, Sibylle von
Steinsdorff, 4 Bde. Deutscher Klassiker Verlag, Frankfurt am Main 1986 ff.
    Bd. 1: Clemens Brentano's Frühlingskranz/Die Günderode (S. 56 f.)
    Bd. 2: Goethes Briefwechsel mit einem Kinde (S. 48 f.)

Achim und Bettina in ihren Briefen. Hg. Werner Vordtriede, 2 Bde. Suhr-
kamp, Frankfurt am Main 1961.
    (S. 43, 71-82, 87-90, 135 ff.)

Der Briefwechsel zwischen Bettina Brentano und Max Prokop von Freyberg. Hg. und kommentiert von Sibylle von Steinsdorff. Berlin/New York
1972.
    (S. 66-70)

Inhalt

George Sand im dtv

»Eines Tages werde ich zu meinen Kindern sagen, daß Sie im Bereich der Gedanken die größte aller Frauen sind, vielleicht aller Zeiten. Sie haben einen so weiten Horizont, daß er nur mit Adlerflügeln durchmessen werden kann.«
Victor Hugo

Bitte besuchen Sie uns im Internet: www.dtv.de